VILLE D'AMIENS

SÉRIE DE PRIX

APPLICABLE

AU

RÈGLEMENT DES TRAVAUX DE BATIMENT

Par E^{ne} PLÉBEAUX, Architecte.

Prix : Brochée, 10 Francs.

ÉDITION 1873-1874.

VILLE D'AMIENS

SÉRIE DE PRIX

VILLE D'AMIENS

SÉRIE DE PRIX

APPLICABLE

AU

RÈGLEMENT DES TRAVAUX DE BATIMENT

Par E^{NE} PLÉBEAUX, ARCHITECTE.

2me ÉDITION 1873-1874.

AMIENS

Imprimerie ÉMILE GLORIEUX et Cie

13, Rue du Logis-du-Roi, 13.

1873

*Tout exemplaire non revêtu de la signature de l'auteur sera réputé
contrefait.*

Amiens, 25 Décembre 1873.

1ʳᵉ SECTION

TERRASSEMENTS

PRIX DE RÈGLEMENT

	JOURNÉES.	
	Journée d'ouvrier	
1	Terrassier, piocheur ou pelleur, à l'heure	» 35
2	Aide fort brouetteur ou pilonneur âgé de plus de 18 ans, l'heure	» 30
	Journée de voiture	
3	Conducteur compris, à un cheval, l'heure	1 »
4	— à 2 chevaux, —	1 50
5	— à 3 chevaux, —	2 »
	Charroi	
	Pour transport de décombres ou de matériaux de démolitions. Chaque voyage fait séparément chargement compris, par le conducteur seul,	
6	Avec une voiture à un cheval,	1 25
7	— à 2 chevaux,	1 75
8	— à 3 chevaux,	2 25
9	Des pierres, marches ou autres, payables à l'heure	obser.
	OUVRAGES AU MÈTRE CUBE.	
	Fouille de terre de toute nature, ou de remblais faite en pleine masse et jet à 2ᵐ00 de distance horizontale ou à 1ᵐ60 de hauteur verticale.	
10	Le mètre cube,	» 75
	Plue value pour fouille	
11	En tranchée de moins de 1ᵐ50 de largeur, au mètre cube,	» 10
12	Dans l'embarras des étais, — —	» 25
13	Dans l'eau, — —	» 50
14	— avec embarras d'étais, — —	» 75
15	De craon, très-dur,	» 25
	Reprise de Terre fouillée et jet	
16	Sur berge, jusqu'à 1ᵐ60 de hauteur, —	» 15
17	Sur banquette, au-dessous de 1ᵐ60 de haut et ainsi de suite, de 1ᵐ60 en 1ᵐ60 compris fourniture, pose et dépose des madriers nécessaires, au mètre cube,	» 20
18	Horizontal, à 2 mètres de distance, moitié du jet sur berge,	obser.

Les épuisements seront comptés en régie.

Plus value du jet

19	Pour terres compactes,	au mètre cube,	» 05
20	En tranchée, de moins de 1ᵐ50 de large,	—	» 10

Descente ou montage de Terre

21	A la hotte par chaque hauteur de trois mètres, le mètre cube,		» 50
22	Au treuil (frais d'équipe compris),	—	» 75
23	Chaque mètre en plus de hauteur,	—	1/3

Reprise et Chargement

24	En brouette ou en tombereau,	le mètre cube	» 20	Les prix de chargement comprennent le léger piochement qu'exige la reprise de terre fouillée.
25	A la manne,	—	» 30	
26	Au seau,	—	» 40	

27	**Piochement** des terres laissées en dépôt, moitié de la fouille en déblai,	obser.

28	**Pilonnage** de terre employée en remblai par couches de 0ᵐ20 de hauteur, compris arrosage au besoin et nivellement, le mètre cube	» 20

29	**Remblai** avec reprise de terre en rigole, compris le léger piochement nécessaire, le mètre cube	» 20

30	**Regalage** de terre, sable ou cailloux de plus, de 0ᵐ05 de hauteur, le mètre cube	» 15
31	jusqu'à 0ᵐ05 de hauteur, le mètre carré	» 02

32	**Dressement et Nivellement** ordinaire avec pillonnage, le mètre carré	» 05

33	**Dressement et pilonnage** au rouleau, à bras d'hommes,	» 20

Transport

34	En brouette, à un relai,	le mètre cube	» 25	En plaine le relai est de 30ᵐ00 au-dessus de 0ᵐ05 de pente il n'est que de 20ᵐ00
35	Chaque relai en plus,	— —	» 15	
36	En voiture à un relai,	— —	» 50	En plaine le relai de voiture est de 100ᵐ00
37	Chaque relai en plus,	— —	» 10	
38	A la manne, chaque relai,	au mètre cube	» 25	Chaque relai comprend la pose et dépose des planches de roulage.
39	Aux décharges publiques,	le mètre cube	1 »	
40	Aux décharges publiques, compris le chargement, le m. cube		1 20	

Etrésillons et étais

41	Les étrésillons ou étais seront payés à part à l'article charpente.	» »

Epuisement et Dragage

42	A exécuter en régie avec location de pompe, de bateaux ou autres, à prix débattus à l'avance,	obser.	Travaux difficiles, assurance d'ouvriers comprise. Les bois laissés en fouille ou cassés seront comptés comme fournitures (aux prix de charpente).

Travaux de nuit

43	Moitié en plus,	obser.
44	Eclairage payé à part,	obser.

MODE DE MESURAGE,

45	Tous les travaux seront mesurés géométriquement suivant les vides de déblai, compris dressement des faces et du fond.	obser.

2ᵉ SECTION

MAÇONNERIE

PRIX DE RÈGLEMENT

JOURNÉES.

Journée d'ouvrier

1	Maçon de 1ʳᵉ classe,		4 »
2	Maçon ordinaire,		3 75
3	Manœuvre fort de plus de 18 ans,		3 »
4	— de moins de 18 ans,		2 50
5	Scieur de pierre,		3 50
6	Tailleur de pierre,		4 50
7	Appareilleur,		6 »
8	Paveur ou gressier,		5 50
9	Les travaux exécutés la nuit ou dans l'eau, seront payés moitié en sus.		obser.

MATÉRIAUX.

Argile

10	Des environs,	le mètre cube	3 75
11	Très-grasses pour fourneaux,		5 »

Sable

12	Fin, jaune tamisé, 1ᵉʳ choix,	le mètre cube	5 »
13	Gros ordinaire,	— —	3 75
14	Blanc de carrière,	— —	10 »
15	De rivière,	— —	8 »
16	De mer,	— —	8 50

Cailloux

17	Concassés, jusqu'à 0ᵐ06 au plus et nettoyés,	le mètre cube	5 »
18	Petits, dits grenailles,	— —	4 50
19	Graviers (mignonnette) lavé, pour Portland ou asphalte,		12 »
20	Bruts, pour empierrements,		4 50

Briques

21	A paver, 1ᵉʳ choix,	le mille.	45 »
22	Violettes, — triées,	—	28 »
23	Petites violettes et rouges, mais bien cuites,	—	25 »
24	Communes,	—	23 »

Briquettes.

25	De choix, violetttes,		28 »
26	Communes,		25 »

Tous les prix sont des prix moyens.

La journée est de 10 heures de travail. Tous les travaux seront réduits à l'heure effective, hiver comme été.

Il sera tenu compte de la valeur de l'éclairage.

Ces prix comprennent le transport à pied d'œuvre et le paiement des droits d'octroi.

	Briques réfractaires		
27	Anglaises,	le mille	200 »
28	Belges, ou Françaises,	—	150 »
	Chaux grasse		
29	En pierre sans poussier,	le mètre cube	18 »
30	De Boulogne, pulvérisée,	— —	38 »
31	Cendre de houille, tamisée,	— —	7 »
	Chaux hydraulique		
32	De Tournay ou de Boulogne, de 1re qualité, expédiée par sacs, le kilogr.		» 045
	Chaux de St. Quentin 1re qualité		
	De Tonnoir,		
33	Au-dessous de 100 kilos,	le kilog.	» 15
34	Au-dessus de 100 —	—	» 12
	D'Agombart,		
35	Au-dessous de 100 kilos,	—	» 16
36	Au-dessus de 100 —	—	» 13
	Ciment de briques du pays		
37	Gros, passé à la claie, pour maçonnerie,	le mètre cube	15 »
38	Fin, tamisé, pour joints,	— —	28 »
	Ciment		
39	De Portland, 1re qualité, au-dessous de 50 kilog,	le kilog.	» 15
40	— — au-dessus de 50 kilog.,	—	» 12
41	— — au-dessus de 500 kilog.,	—	» 10
	De Pouilly ou de Vassy, dit Romain.		
42	Au-dessous de 50 kilos,	le kilog.	» 12
43	Au-dessus de 50 —	—	» 10
44	De Tournay éminemment hydraulique, par sacs,	—	» 045
	Mastic de Dilh		
45	Le kilogramme,		1 »
	Plâtre		
46	Par sacs de 28 kilos,	le sac.	1 »
47	En fourniture de plus de 100 kilos,	le kilog.	» 03
48	En fourniture de moins de 28 kilos,	—	» 04
	Tuyaux de conduite en terre cuite		
49	Diamètre, 005	le mètre linéaire	1 »
50	— 008	— —	1 50
51	— 011	— —	2 50
52	— 016	— —	3 50
53	— 022	— —	4 »
54	— 025	— —	4 50
55	Chaque coude sera payé moitié du prix d'un mètre linéaire du tuyau du même diamètre.		obser.
56	Tuiles de Hallong pour fours et cheminées,	le mille	50 »
	Carreaux		
57	Ciselés de Basècles, de 0^{m}32 de côté,	la pièce	» 75
58	Réfractaires d'Arras,	—	» 60
59	— Boudier,	—	» 75
60	De Hallong, de 0^{m}32,	—	» 60
61	— 0^{m}27,	—	» 50
62	— 0^{m}24,	—	» 40
63	— 0^{m}16,	—	» 075

Le diamètre se mesure du bout le plus étroit.

Carreaux (suite)

N°	Désignation		Prix
64	De faïence de Desvres,	la pièce	» 15
65	Rouges, de Belgique,	—	» 12
66	De Vivier-Danger, de 0ᵐ16, 1ᵉʳ choix,	—	» 08
67	— — 2ᵉ —	—	» 07
68	Rouges et blancs ordinaires de Beauvais ou de ses environs, bonne qualité,	la pièce	» 08
69	D'Auneuil, fabrication spéciale de M. Boulanger aîné, carreaux rouges et blancs, de 0ᵐ14 de côté,	la pièce	» 12

Eviers

70	En pierre de Belgique, ciselée,	le mètre carré	30 »
71	— ciselée et polie,	— —	45 »
72	Chaque angle extérieur arrondi exprès,	la pièce	2 »
73	Chaque trou percé,	—	1 50
74	Le polissage des côtés est compté en plus au mètre carré,		25 »

Filets

75	En marbre ciselé de Belgique,	le mètre linéaire	5 50
76	En grés piqué,	— —	5 50
77	En vieux grés d'occasion.	— —	3 50

Pots fermés

78	Dits globes pour hourdis de planchers, modèle ordinaire de 0ᵐ12 de diamètre sur 0ᵐ15 de hauteur,	le mille	75 »

Machefer

79	Ordinaire,	le mètre cube	2 50
80	Trié,	— —	3 »

MORTIERS.

Mortiers de chaux grasse du pays

81	N° 1 composé de un mètre d'argile et de 0ᵐ333 de chaux éteinte, le mètre cube		11 »
82	N° 2 composé de 1ᵐ000 d'argile et de 0ᵐ500 de chaux éteinte, le mètre cube		13 »
83	N° 3 composé de 1ᵐ000 de sable fin et de 0ᵐ333 de chaux éteinte, le mètre cube		12 »
84	N° 4 composé de 1ᵐ000 de sable fin et de 0ᵐ500 de chaux éteinte, le mètre cube		14 »
85	N° 5 composé de 1ᵐ000 de gros ciment de briques et de 0ᵐ333 de chaux éteinte, le mètre cube		20 »
86	N° 6 composé de 1ᵐ000 de gros ciment de briques et de 0ᵐ500 de chaux éteinte, le mètre cube		22 »
87	Plus-value sur les mortiers n°ˢ 5 et 6 pour emploi de ciment fin, au mètre cube		3 »
88	Moins-value sur les mortiers n°ˢ 3 et 4 pour emploi de gros sable, au mètre cube		» 75

Mortiers de chaux hydraulique de Tournay ou de Boulogne

89	N° 1 composé de 1ᵐ000 sable fin et 0ᵐ333 de chaux éteinte, le mètre cube		17 50
90	N° 2 semblable au précédent, mais avec 0ᵐ500 de chaux,		20 »
91	N° 3 composé de un mètre de gros ciment de briques et de 0ᵐ333 de chaux éteinte, le mètre cube		26 50
92	N° 4 dᵒ dᵒ, mais avec 0ᵐ500 de chaux — —		29 »
93	Plus-value pour emploi de ciment fin, au mètre cube		3 »
94	Moins-value pour emploi de gros sable, — —		» 75
95	Plus-value au mètre cube, sur les prix ci-dessus pour emploi de chaux en poudre sur les n°ˢ 1 et 3. au mètre cube		1 50
96	Sur les n°ˢ 2 et 4,		2 »

Baquettée et brouettée

97	La baquetée comptera pour	0^m033
98	La brouettée — —	0^m100

Bétons de silex (fourniture simple sans pose.)

99	N° 1 composé de :
	    1/6° de chaux grasse,
	    2/6° de gros sable,
	    3/6° de cailloux, le mètre cube
		12 »

100	N° 2 semblable au précédent, mais la chaux hydraulique remplaçant la chaux grasse, le mètre cube	13 »
101	N° 3 composé comme le n° 1, mais les cailloux remplacés par du craon ou par des briques concassées, le mètre cube	10 »

Moellons

102	Ordinaires des environs, — —	3 50
103	De dix au mètre pour libages, — —	4 50

OUVRAGES AU MÈTRE CUBE.

MAÇONNERIE DE MOELLONS (en blocages).

Au mortier de chaux grasse

104	N° 1 à l'argile,	le mètre cube	8 »
105	N° 2 —	— —	8 50
106	N° 3 au gros sable,	— —	8 50
107	N° 4 —	— —	9 »
108	N° 5 au gros ciment de briques,	— —	11 »
109	N° 6 — —	— —	11 50
110	En plus, pour emploi de ciment fin,	— —	1 »

Ces prix comprennent tous les frais d'échafaudages et autres, nécessaires.

Au mortier de chaux hydraulique

111	N° 1 au gros sable, — —	10 »
112	N° 2 — — —	10 50
113	N° 3 au gros ciment de briques, — —	12 50
114	N° 4 — — — —	13 »

Plus value

115	Pour emploi de chaux hydraulique en poudre, sur les n°° 1 et 3, au mètre cube	» 75
116	Sur les n°° 2 et 4, — —	1 »

Façon simple de Maçonnerie de moellons

117	Travaux de fondation ordinaire,	le mètre cube	3 25
118	Travaux dans l'embarras des étais,	— —	4 »

MAÇONNERIE DE VIEUX MOELLONS

pour façon d'emploi et fourniture de mortier.

Mortier de chaux grasse

119	N° 1 à l'argile,	le mètre cube	5 50
120	N° 2 —	— —	6 »
121	N° 3 au gros sable,	— —	6 »
122	N° 4 —	— —	6 50
123	N° 5 au gros ciment de briques,	— —	8 50
124	N° 6 — —	— —	9 »
125	Au ciment fin, plus-value,	— —	1 »

Mortier de chaux hydraulique

126	N° 1 au gros sable,	le mètre cube	7 50
127	N° 2 —	— —	8 »
128	N° 3 au gros ciment de briques,	— —	10 »
129	N° 4 — —	— —	11 50

Plus value

130	Pour travaux dans l'embarras des étais,	au mètre cube	» 75
131	Pour dressage de parement,	— carré	1 »
132	Pour maçonnerie faite avec des moellons de libages,	— cube	1 50
133	Pour maçonnerie de moellons posés au cordeau,	— carré	» 50

MAÇONNERIE DE BÉTON

posé à sec au mètre cube (en œuvre).

Fourniture et pose à sec de béton

134	N° 1	le mètre cube	16 »
135	N° 2	— —	17 »
136	N° 3	— —	14 »

Moins value

137	Pour mesurage avant l'emploi,	au mètre cube	1 »

Quand le béton sera coulé dans l'eau ou dans le vase il sera métré avant l'emploi.

Plus value

138	Pour béton coulé dans l'eau,	— —	4 »

MAÇONNERIE DE BÉTON AU MÈTRE CARRÉ

Béton posé et dressé avec pentes

139	N° 1 jusqu'à 0m05 d'épaisseur,	le mètre carré	1 »
140	De 0m06 à 0m10 —	— —	1 75
141	De 0m11 à 0m15 —	— —	2 50
142	N° 2 jusqu'à 0m05 —	— —	1 15
143	De 0m06 à 0m10 —	— —	2 »
144	De 0m11 à 0m15 —	— —	2 75

Au-dessus de 0m15 de hauteur, les travaux seront payés au mètre cube, compris nivellement.

MAÇONNERIE DE BRIQUES

Maçonnerie de pignons et de murs sans ouverture, en briques petites violettes et rouges bien cuites, hourdées au mortier.

Mortier de chaux grasse

145	N° 1 à l'argile,	le mètre cube	17 50
146	N° 2 —	— —	18 »
147	N° 3 au sable fin,	— —	17 75
148	N° 4 —	— —	18 25
149	N° 5 au ciment de briques,	— —	20 »
150	N° 6 — —	— —	20 50

Mortier de chaux hydraulique de Tournay ou de Boulogne

151	N° 1 au sable fin,	le mètre cube	20 »
152	N° 2 —	— —	20 50
153	N° 3 au ciment de briques,	— —	22 50
154	N° 4 — —	— —	23 »

Au plâtre pur

N°	Désignation	Unité	Prix	
155	En briques communes,	le mètre cube	27	»
156	En briques violettes,	— —	28	»

Maçonnerie de toute sorte en briques violettes hourdées au ciment de Portland ou autre, mélangé de sable 1re qualité.

157	Au mortier de sable mélangé de moitié ciment,	le mètre cube	45	»
158	— mélangé de 1/3 ciment,	— —	40	»
159	— — 1/4 —	— —	35	»
160	— — 1/5 —	— —	30	»

Plus value

161	Pour maçonnerie de briquettes ordinaires,	au mètre cube	10	»
162	Pour murs de moins de 0ᵐ36 d'épaisseur.	— —	»	50
163	Pour maçonnerie en surélévation de murs vieux, par étage. au mètre cube		1	»
164	Pour maçonnerie exécutée par parties pour bouchement de portes, fenêtres ou autres analogues, au mètre cube		3	»
165	Pour maçonnerie en renforcement ou raccords — —		6	»

Moins value

166	Pour emploi de briques communes.	— —	1	»

MAÇONNERIE DE BRIQUES VIOLETTES

1er choix en parement vu et 2e choix en 2e parement pour façades, tuyaux de cheminée, voûtes.

Au mortier de chaux grasse

167	N° 1 à l'argile,	le mètre cube	18	50
168	N° 2 —	— —	19	»
169	N° 3 au sable fin,	— —	19	»
170	N° 4 —	— —	19	50
171	N° 5 au ciment de briques,	— —	21	»
172	N° 6 — —	— —	21	50

Mortier de chaux hydraulique

173	N° 1 au sable fin,	— —	21	»
174	N° 2 —	— —	21	50
175	N° 3 au ciment de briques,	— —	23	50
176	N° 4 — —	— —	24	»

Façon simple

177	de maçonnerie de murs sans ouverture,	le mètre cube	5	50
178	de maçonnerie de façades, tuyaux et voûtes,	— —	7	»
179	de maçonnerie de cheminées à vapeur,	— —	12	»

MAÇONNERIE DE BRIQUES NEUVES

Non fournies, pour façon et fourniture de mortier.

180	Même prix que ci-dessus avec déduction, au mètre cube de		9	»

Plus value

181	Pour emploi de briques vieilles, non entières,	au mètre cube	1	50
182	Pour maçonnerie de moins de 0ᵐ36 d'épaisseur,	— —	»	50
183	Pour maçonnerie en surélévation de façades ou autres, par chaque étage construit, au mètre cube		1	»
184	Pour écoinçonnage de briques formant angles aigu ou obtus le mètre linéaire		1	»
185	Pour maçonnerie circulaire en élévation, au mètre cube		2	»

Notes marginales :

Tous les prix de maçonnerie de briques comprennent les frais d'échafaudages et de cintres nécessaires à l'exécution.

Les parties de maçonnerie (non enduites) à rejointoyer variant à l'infini suivant chaque construction, et aucune moyenne exacte n'étant possible, les prix ci-contre ne comprennent aucun rejointoiement. Ce travail supplémentaire sera payé à part aux prix de la série.

Seuls les murs de clôture sur rue avec panneaux creux ou saillants, pilastres en briques à façades, seront payés aux prix ci-contre.

Pour ces cheminées seules, échafaudages non compris.

Mesuré en hauteur d'arête.

VOUTES EN BRIQUES VIOLETTES

choisies 0ᵐ12 d'epaisseur jointoiement plein compris

Chaux grasse

186	Mortier de chaux et sable,	le mètre carré	4	»
187	Mortier de chaux et ciment de briques,	— —	4	50

Chaux hydraulique

188	Mortier de chaux et sable,	le mètre carré	4	50
189	Mortier de chaux et ciment de briques.	— —	5	»

Ciments de Portland ou autres et sable pur

190	Dosé à moitié ciment,	— —	7	50
191	— à 1/3 ciment,	— —	7	»
192	— à 1/4 ciment,	— —	6	50
193	— à 1/5 ciment,	— —	6	»

Plus value

194	Pour emploi de ciment de briques au lieu de sable, au mètre carré		»	25

JOINTOIEMENTS.

Jointoiement de maçonnerie de briques

195	Ordinaire, au mortier de chaux grasse et plâtre, repasssé et lissé	le mètre carré	»	35
196	à joints saillants coupés d'une seule arête,	— —	»	75
197	à joints saillants coupés de 2 arêtes,	— —	1	»
198	Plein avec tracé à la pierre noire,	— —	»	75

Plus value

199	Pour emploi de ciment de Portland ou autre, au mètre carré		»	10
200	Pour jointoiement sur briques vieilles compris dégradation des joints et arrosage,	— —	»	15
201	Pour échafaudages faits exprès,	— —	»	20
202	Pour jointoiement blanchi après;	— —	»	10

JOINTS

Joints au mastic de Dilh

203	Droits coupés,	le mètre linéaire	»	30
204	Circulaires sur moulures,	— —	»	50

ENDUITS OU CHAPES.

de 0ᵐ02 d'épaisseur.

Au mortier de chaux grasse

205	Et sable,	le mètre carré	»	75
206	Chaque centimètre d'épaisseur en plus	— —	»	20
207	Et ciment de briques,	— —	1	»
208	Chaque centimètre d'épaisseur en plus,	— —	»	25

Au mortier de chaux hydraulique

209	Et sable,	le mètre carré	1	»
210	Chaque centimètre d'épaisseur en plus,	— —	»	25
211	Et ciment de briques,	— —	1	25
212	Chaque centimètre d'épaisseur en plus,	— —	»	35

Les prix ci-contre comprennent tous frais de fourniture et façon de faux cintres et autres.

Lorsque l'on exigera le lavage à l'acide et le brossage des parements, ce travail sera fait en régie aux prix de la série.

Les dégradations de joints sur vieilles maçonneries à enduire, seront faites en régie en plus value des prix ci-contre.

Enduit au ciment de Portland ou autre employé pur

213	Épaisseur 002,	le mètre carré	3 »
214	Chaque centimètre d'épaisseur en plus,	— —	1 25

Enduit au sable mélangé de 1/3 Portland

215	Le mètre carré		2 »
216	Chaque centimètre d'épaisseur en plus,	le mètre carré	» 75

Enduit au sable mélangé de 1/2 Portland

217	Le mètre carré		2 25
218	Chaque centimètre d'épaisseur en plus,	le mètre carré	1 »

Plus value

219	D'enduit circulaire à simple courbure,	au mètre carré	» 50
220	D'enduit circulaire à double courbure,	— —	1 »
221	Pour enduits de fosses repassés jusqu'à siccité,		» 50

GALANDAGES EN BRIQUES A PLAT,

épaisseur 0ᵐ 12.

Cloisons au mortier de chaux grasse et sable

222	En maçonnerie de briques mêlées (pour être recouvertes d'enduits),	le mètre carré	3 »
223	En briques violettes pour façades à rejointoyer,	— —	4 »

Plus value

224	Pour emploi de mortier tiercé, de ciment de briques ou de chaux hydraulique,	au mètre carré	» 50
225	Pour façades divisées en panneaux triangulaires ou irréguliers,	au mètre carré	1 »
226	Pour parties circulaires,		1/2
227	Pour emploi de briques vieilles,	— —	» 25
228	Quand la charpente sera faite pour latter,	— —	» 50

Cloisons en briques non fournies (façon et mortier

229	à déduire des prix ci-dessus,	au mètre carré	1 25

GALANDAGES EN BRIQUES DE CHAMP,

épaisseur 0ᵐ 07.

Cloisons au plâtre pur

230	En briques mêlées pour être recouvertes d'enduits, le mèt. car.		1 75
231	En briques choisies pour parties visibles,	— —	2 25

Moins value

232	Pour emploi de briques vieilles ou non fournies, au mèt. carré		» 75

Plus value

233	Pour galandages en briquettes,	au mètre carré	1/3
234	Quand la charpente sera faite pour latter,	— —	» 25

CHAPERONS DE MURS A DEUX PENTES,

en briques violettes.

Mêmes prix que pour les maçonneries de façades avec plus-value de sujétion d'arête.

235	Pour les chaperons de murs de 0ᵐ 24,	au mètre linéaire	1 25
236	Pour ceux des murs de 0ᵐ 36,	— —	1 75

Aucun usage établi ne sera admis dans le métré des galandages. La surface réelle seule sera payée aux prix ci-contre.

PIERRE DE TAILLE.

Fourniture de pierre brute rendue au chantier (pour travaux en régie ou autres).

Pierres

237	Vergelet, St-Vast, 1re qualité,	le mètre cube	50 »
238	Banc royal tendre de St-Vast,	— —	55 »
239	Banc royal (1/2) roche de St-Maximin ou Méry,	— —	65 »
240	Roche dure de St-Maximin,	— —	85 »
241	Senlis,	— —	100 »

MAÇONNERIE DE PIERRE DE TAILLE

comprenant : la fourniture, le débit et la pose au mortier de sable et plâtre.

Pierres de

242	Vergelet ordinaire de second choix,	le mètre cube	75 »
243	Vergelet St-Vast, 1re qualité,	— —	80 »
244	Banc royal tendre de St-Vast	— —	90 »
245	Banc royal (dit 1/2 roche) de St-Maximin ou Méry,	— —	120 »
	Roche dure de St-Maximin.		
246	Travaux ordinaires,	— —	200 »
	Roche dure par assises pour balcons ou autres de fortes		
247	dimensions,	le mètre cube	190 »
	Senlis pour marches ou autres.		
248	Senlis — compris ravalement sans pose,	— —	220 »
249	Senlis pour balcons ou autres.	— —	230 »

Plus value

	Pour pose à plus de 8m00 de hauteur.		
250	Chaque étage en plus,	au mètre cube	2 50
251	Pour parties ayant 3 faces en parement,	— —	1/20e

RAVALEMENT

Taille unie compris ragrément des joints au mortier et plâtre de maçonnerie de pierre, de

252	Vergelet,	le mètre carré	2 »
253	Banc royal tendre,	— —	2 50
254	Banc royal dur 1/2 roche,	— —	3 »
255	Roche dure,	— —	5 »
256	Senlis,	— —	8 »

Taille de moulures compris ragrément des joints au mortier et plâtre de maçonnerie de pierre de

257	Vergelet,	le mètre carré	4 50
258	Banc royal tendre,	— —	5 »
259	Banc royal dur,	— —	5 50
260	Roche dure,	— —	15 »
261	Senlis,	— —	20 »

Plus value de taille

262	Circulaire,	au mètre carré	1/3
263	A double courbure,	les	3/4

Refouillements simples à la masse et au poinçon

264	En pierre de vergelet et banc royal,	le mètre cube	10 »
265	En pierres dures,	— —	20 »

	Denticules refouillées		
266	Jusqu'à 0^m05 de côté, en pierre tendre,	la pièce	» 10
267	En pierre dure,	—	» 20
268	Chaque centimètre en plus,	—	1/5

Modillons de 0^m10 à 0^m12 de côté avec trois faces profilées

269	En pierre de vergelet et de banc royal,	la pièce	» 75
270	En pierre dure,	—	1 25
271	En pierre de vergelet, taille unie,	—	» 50
272	— dure,	—	» 75

Retaille de vieilles pierres de Vergelet ou de Banc royal et ragrément des joints

273	Sur parties unies jusqu'à 0^m005 de recoupement, le mètre carré	1 50
274	Sur moulures — — — —	3 »
275	Chaque 0^m005 d'épaisseur en plus, . — —	» 50

Retaille de pierre 1/2 Roche

276	Le double du prix ci-dessus.	obser.

Retaille de pierre de Roche et Senlis

277	Le triple du prix ci-dessus.	obser.

Chanfrein, entaille, feuillure ou cannelure

278	Jusqu'à 0^m05 de largeur en pierre de Vergelet ou de banc royal,	le mètre linéaire	» 20
279	En pierre de roche ou Senlis,	— —	» 50
280	De 0^m05 à 0^m08 de largeur plus value.		1/2

MARCHES EN PIERRE DE SENLIS
mises en place.

281	Marches mesurées à l'équerre,	le mètre superficiel	45 »

Quart de rond avec congé

282	sur rives de marches : droites,	le mètre linéaire	5 »
283	Circulaires,	— —	7 50

DÉMOLITIONS

284	Démolitions de toute espèce de maçonnerie compris rangement (à pied d'œuvre) des matériaux,	le mètre cube	2 »
285	Démolition de petites parties pour percement de portes ou fenêtres,	le mètre cube	4 »
286	Démolition avec sapage des maçonneries,	— —	6 »

Décrottage

287	De briques, après démolition,	le mille (nombre réel)	4 »
288	De carreaux,	le mille	5 »

PAVAGES

Briques à paver posées à plat

289	Au mortier de chaux et sable,	le mètre carré	2 75
290	Au mortier de chaux et ciment ou de chaux hydraulique et sable,	le mètre carré	3 »
291	Au mortier de sable mêlé de 1/3 ciment de ciment de Portland, et à joints coulés,	le mètre carré	3 25
292	Au ciment de Portland ou autre employé pur,	— —	4 »

Briques communes à plat

293	Sous plancher ou autres au mortier de chaux et sable, le mètre carré	1 75

Briques à paver posées de champ

294	Au mortier de chaux et sable, le mètre carré	4 25
295	Au mortier de chaux et ciment de briques ou de chaux hydraulique et sable, le mètre carré	4 50
296	Au mortier de sable mêlé de 1/3 de ciment de Portland, et à joints coulés, le mètre carré	5 »
297	Au ciment de Portland ou autre employé pur, — —	6 »

Façon simple de pavage

298	En briques à plat, le mètre carré	» 75
299	En briques de champ, — —	1 50

Pavage en vieilles briques pour façon et fourniture de mortier

300	A déduire des prix ci-dessus pour pavages à plat, au mètre carré	1 50
301	Pour pavages de champ, — —	2 50

Plus value

302	Pour pose en point de Hongrie à plat, le mètre carré	» 75
303	— — de champ, — —	1 »

Démontage de pavage

304	En briques compris rangement à plat, le mètre carré	» 15
305	— — de champ, — —	» 25

CARRELAGES.

Carrelages en carreaux rouges de Beauvais ou de ses environs posés par lignes parallèles aux refends.

Carreaux de 0^m16 de côté, 1er choix.

306	Posés au mortier n° 1, le mètre carré	4 50
307	— — n° 3, — —	4 75

Plus value

308	Pour pose des carreaux en diagonale, au mètre carré	» 50
309	Pour carrelage en carreaux hexagones, — —	» 75

Façon simple de carrelages

310	Posés en lignes parallèles, le mètre carré	1 25
311	Posés en diagonales, — —	1 75

Façon et fourniture de mortier

312	Au sable, en lignes parallèles, le mètre carré	2 »
313	Au ciment, — — —	2 25
314	Au sable, en lignes diagonales, — —	2 50
315	Au ciment, — — —	2 75

Démontage de carreaux

316	Compris nettoyage et rangement, le mètre carré	» 25
317	Sans nettoyage, — —	» 15

Moins value

	Applicable aux Carreaux non échantillonnés ou mal ajustés,			
318		au mètre carré	»	50
319	Pour emploi de Carreaux de qualité inférieure à ceux dits de Beauvais,	au mètre carré	»	50

Carrelage en carreaux rouges et blancs de M. Boullanger aîné, à Auneuil (Oise).

Carreaux de 0^{m}14 de côté posés au mortier de sable mêlé de Portland.

320	En lignes parallèles,	le mètre carré	8	»
321	En diagonales,	— —	8	50
322	En — avec frises,	— —	9	»

Carrelage à dessins incrustés de la même fabrication. — Prix à débattre suivant choix.

323	Carrelage en carreaux de Maubeuge à dessins incrustés, compris pose en lignes parallèles,	le mètre carré	20	»

Carreaux céramiques de la fabrication Simons et Ce, au Cateau (Nord).

Ces carreaux n'ont que 0^{m}10 de côté, sont d'une régularité parfaite et aussi durs que ceux de Maubeuge.
Ils se font en teintes unies très-réussies : en gris, blancs, noirs, jaunes et rouges avec lesquels des dessins fort beaux sont faciles à obtenir.

324	1er choix sans défaut, compris pose à vives arêtes au mortier de Portland,	le mètre carré	15	»
325	2e choix, arêtes et angles moins nets	— —	10	»

CARRELAGES EN CARREAUX DE TONNERRE

et de noir fin.

326	Posés diagonalement avec frises,	le mètre carré	12	»
327	En carreaux octogones et remplissage en noir fin,	— —	11	»

CARRELAGES EN CARREAUX DE MARBRE

Posés diagonalement avec frises.

Marbre noir fin de Dinan

328	Carreaux de 0^{m}32,	le mètre carré	11	50
329	— 0^{m}27,	— —	12	»
330	— 0^{m}21,	— —	12	50
331	— 0^{m}16,	— —	13	»

Marbre de Lunel

332	Carreaux de 0^{m}32,	le mètre carré	17	50
333	— 0^{m}27,	— —	18	»
334	— 0^{m}21,	— —	18	50
335	— 0^{m}16,	— —	19	»

Marbre rouge de Belgique

336	Carreaux de 0^{m}32,	le mètre carré	20	50
337	— 0^{m}27,	— —	24	»
338	— 0^{m}21,	— —	21	50
339	— 0^{m}16,	— —	22	»

Tous les prix de carrelages en carreaux de marbre ou autres, comprennent l'ajustement et la pose des parties d'angles et le sciottage des carreaux de bordure.

Pour les carrelages à dessins de diverses sortes de marbres faire la moyenne suivant les prix ci-contre.

Marbre blanc d'Italie

340	Carreaux de 0ᵐ32,	le mètre carré	30	50
341	—　　　0ᵐ27,	— —	31	»
342	—　　　0ᵐ24,	— —	31	50
343	—　　　0ᵐ16,	— —	32	»

Frises de divers marbres

344	Plus value sur les prix indiqués aux carreaux de 0ᵐ16, au m. c.	5	»

Façon simple et fourniture de mortier

345	En carreaux de 0ᵐ16 à 0ᵐ22,	le mètre carré	2	50
346	En carreaux de 0ᵐ27 à 0ᵐ32,	— —	2	»

MODE DE MESURAGE

des Travaux de Maçonnerie.

Tous les travaux seront mesurés géométriquement en œuvre, sans aucune plus value d'usages, que celles indiquées à la Série.

La pierre de taille seule sera mesurée suivant le parrallélipipède circonscrit nécessaire à chaque morceau ; le déchet de débit ne pouvant comprendre l'abattage des parties nécessaires aux clefs. Pieds droits, claveaux ou autres.

Les assises de bases cu autres isolées seront comptées à leur hauteur réelle sans épaisseur du mortier qui de fait sera évalué au prix de la maçonnerie de briques.

Les assises superposées pour pilastres, colonnes ou autres seront mesurées y compris l'épaisseur des joints.

La base des épaisseurs de maçonnerie de briques sera :

347	Pour brique à plat,	»	12
348	Pour murs d'une brique,	»	24
349	—　　de brique et demie,	»	36
350	—　　de 2 briques,	»	48
351	—　　de 2 briques et demie,	»	60
352	Et au-dessus pour la dimension réelle.	obser.	

Les vides de tuyaux de cheminées seront déduits de 0ᵐ46 + 0ᵐ23 en compensation de l'enduit intérieur au mortier.

353	Les bois debout, les contre-appuis, chaînes ou linteaux, ainsi que les feuillures ne seront pas déduits.	obser.	

3ᵉ SECTION

GRESSERIE

PRIX DE RÈGLEMENT

1	**Pavage en pavés de rebut,** de 0ᵐ10 à 0ᵐ12 de côté, sans régularité d'échantillons, posés au sable, le mètre carré		3 50
	Pavage de Chaussée		
2	En pavés de 0ᵐ19 à 0ᵐ22, posés au sable le mètre carré		13 50
3	En pavés de 0ᵐ16 à 0ᵐ18, — —		10 50
	Pavage en grès 1/2 piqués		
4	Posés au sable, 1ᵉʳ choix		8 »
5	— — 2ᵉ —		7 »
6	Posés au mortier, de chaux et ciment de briques, 1ᵉʳ choix		9 »
7	— — — — 2ᵉ —		8 »
	Pavage en grès piqués		
8	De 0ᵐ16 à 0ᵐ16, posés au mortier de chaux et ciment de briques, le mètre carré		14 »
	Façon simple		
9	De pavage au sable, le mètre carré		» 75
10	De pavage au mortier, — —		1 »
	Façon et fourniture de sable		
11	Pour pavages ordinaires, le mètre carré		1 25
12	En grés posés diagonalement, — —		1 50
	Façon et fourniture de mortier au ciment		
13	Pour pavages ordinaires, le mètre carré		2 25
14	En grès posés diagonalement, — —		2 75
	Dalles		
15	De 0ᵐ10 d'épaisseur moyenne à joints retournés d'équerre, posées au mortier de chaux et ciment, le mètre carré		18 »
16	**Maçonnerie de grés** piqués à la fine pointe avec joints retournés d'équerre, par assises de 0ᵐ18 à 0ᵐ21 de hauteur, posés au mortier de chaux et ciment, le mètre carré		28 »

Rejointoiement de gresserie

17	Au ciment de Portland ou autre, coupé de deux arêtes, le mètre linéaire	»	25
18	Plein, au ciment de Portland, — —	»	15

Moins value

19	Pour emploi de ciment de briques, au mètre linéaire	»	05

MARCHES

20	**Marches en grés piqué** à la fine pointe posées au mortier de chaux et ciment. Largeur, 0ᵐ33 hauteur, 0ᵐ16 à 0ᵐ18 jusqu'à 0ᵐ90 de longueur, le mètre linéaire	11	»
21	Au-dessus de 0ᵐ90 de longueur, — —	12	»
22	Chaque centimètre de largeur en plus ou en moins, sera évalué au mètre linéaire	»	25
23	**Marches en grés demi-piqué**, de 0ᵐ24 au plus de largeur, le mètre linéaire	9	»

Journée

24	De gressier pour piquage ou repinçage de vieux grés,	6	»

3ᵉ SECTION

GRANIT

PRIX DE RÈGLEMENT

	Granit de Belgique		
1	Brut, rendu à pied d'œuvre,	le mètre cube	165 »
2	Par assises sciées de 2 faces commandées,	— —	225 »
	Sciage de Granit		
3	Chaque trait de scie,	le mètre carré	16 »
4	A compter pour chaque face,	— —	8 »
	Abattage		
5	Pour chanfrein pan coupé ou partie circulaire,	au mètre cube	200 »
	Evidements		
6	Entre deux faces conservées,	le mètre cube	300 »
	Taille		
7	A la fine pointe et bouchardée,	le mètre carré	12 »
8	Ciselée,	— —	16 »
9	De moulure après ciselage,	— —	40 »
	Polissage		
10	Sur parties ciselées de faces planes,	le mètre carré	12 »
11	De faces courbes,	— —	15 »
12	De moulures,	— —	20 »
	Dalles de sciage		
13	Equarries et posées au mortier de chaux et ciment, jusqu'à 005 d'épaisseur,	le mètre carré	25 »
14	De 0ᵐ06 à 0ᵐ10 d'épaisseur	— —	30 »
	Travaux appareillés		
15	En granit de Belgique, taillé à vif et ciselé par assises de 0ᵐ20 à 0ᵐ30 d'épaisseur, posées au mortier de chaux et ciment et jointement compris,	le mètre cube	275 »
	Marches et bandeaux 1ᵉʳ choix		
16	Posés au mortier de chaux et ciment compris toute taille	le mètre carré	50 »
	Éviers		
17	De Belgique, polis et mis en place,	au mètre carré	45 »

Les abattages sur une face entière dressée en pente ne seront pas comptés.

GRANIT DES ENVIRONS DE BOULOGNE

fourniture simple.

Pierre de Wimille (restant toujours rugueuse)

18	Pour marches,	le mètre cube	250 »

Pierre de Stinkal

Pour marches, soubassements ou autres.

19	Taille unie comprise,	le mètre cube	190 »
20	Seulement gradinée,	— —	175 »
21	Pose au ciment,	au mètre cube	25 »
22	Moins-value pour bordures, ruisseaux ou autres,	— —	15 »

Taille, polissage, moulures, etc.

23	Mêmes prix que pour le granit de Belgique,		obser.

5ᵉ SECTION

ASPHALTES

JOURNÉES.

	La journée d'un ouvrier applicateur,		5 »
	— d'un ouvrier aide-fort		3 50

MATERIAUX.

3	Asphalte, en roche,	les 100 kilos	7 »
4	— en poudre,	— —	8 »
5	— en mastic,	— —	12 »
6	Bitume, minéral rafiné,	— —	40 »
7	— factice,	— —	8 »
8	Brai de gaz,	— —	9 »
9	Coke,	l'hectolitre	1 50
10	Gravier lavé,	le mètre cube	12 »
1	Lave fusible, en mastic,	les 100 kilos	7 »
12	— bitume raffiné ou brai,	— —	12 »
13	Tourbe,	— —	4 »

OUVRAGES AU MÈTRE CARRÉ.

Béton composé de 1/6ᵉ cailloux 2/6 de chaux hydraulique et
3/6ᵉ de gros sable,
De 0ᵐ05 d'épaisseur, y compris enduit de 0ᵐ01 d'épaisseur.

14		le mètre carré	1 25
15	De 0 10 —	— —	2 »
19	De 0 15 —	— —	2 75
17	Au-dessus de 0ᵐ15 le mètre cube en place		17 »

ENDUIT DIT DALLAGE.

18	En asphalte uni, de 0ᵐ012 d'épaiss.,	le mètre carré	3 25
19	— de 0 015	— —	4 »
20	— de 0 020	— —	5 »
21	Chaque 0ᵐ005 d'épaisseur en plus	— —	1 »
22	En bitume factice uni, de 0ᵐ012 d'épaisseur	— —	2 »
23	— de 0 015	— —	2 25
24	— de 0 020	— —	2 75
25	Chaque 0ᵐ005 d'épaisseur en plus,	— —	» 50
26	Plus-value pour enduits cannelés,	au mètre carré	1 »
27	En lave fusible, de 0ᵐ012 d'épaisseur,	le mètre carré	3 »
28	— de 0ᵐ015 —	— —	3 50
29	— de 0ᵐ020 —	— —	4 50
30	— de 0ᵐ025 —	— —	5 50
31	Chaque 0ᵐ005 d'épaisseur en plus	— —	1 »
32	Plus-value pour travaux exécutés en une partie ou en plusieurs parties exécutées en même temps et ne produisant que 05 mètres carrés,	— —	1/5
33	Plus-value pour travaux d° d° ne produisant que 10 mètres carrés,		1/10
34	Au-dessus de 10ᵐ00 carrés, prix de série.		obser.

ENDUITS EN MORTIER.

35	Pour recevoir le bitume ou l'asphalte, en mortier de chaux hydraulique et gros sable, de 0 015 d'épaisseur, le mètre carré		» 75
36	Chaque centimètre d'épaisseur en plus,	— —	» 25

CHAUSSÉES OU PASSAGES.

de Porte-cochère

37	En asphalte naturel comprimé, à l'épaisseur de 0 04, le mètre carré		12 »
38	En asphalte coulé, de 0 06 d'épaisseur,	— —	11 »
39	En lave fusible quadrillée, de 0 05 d'épaisseur,	— —	8 50

OUVRAGE AU MÈTRE LINÉAIRE

	Solins en pente contre les murs, de 0 03 à 0 05 de côté :		
40	En asphalte,	le mètre linéaire	» 75
41	Chaque centimètre en plus,	— —	» 15
42	En lave fusible,	— —	» 50
43	Chaque centimètre en plus,	— —	» 10

LOCATION DE CHAUDIÈRES ET ACCESSOIRES

44	Pour travaux en réparation, compris transports, etc. prix à débattre		obser.

6ᵉ SECTION

CHARPENTE

PRIX DE RÈGLEMENT

	Journée d'ouvrier			
1	Charpentier pour travaux ordinaires,		4	»
2	Pour escaliers ou travaux difficiles,		4	50
3	Scieur de long,		4	»
4	Homme de peine,		3	50
5	Apprenti de moins de 18 ans,		2	50

CHARPENTE EN BOIS BLANC DIT DE CAROLINE

Fourniture simple

6	Le mètre cube équarri à la hâche,		65	»
7	— à vives arêtes,		75	»
8	Pose simple, sans assemblages,	le mètre cube	10	»

Fourniture et façon avec assemblage et pose

9	En bois à vives arêtes, jusqu'à 0ᵐ40 de coté,	le mètre cube	90	»
10	Au-dessus de 0ᵐ40 de côté,	— —	100	»

Moins value

11	Pour les bois avec tolérance de flaches, de 0ᵐ05 au plus, au mètre cube		5	»

Bois blanc dit de hollande

12	Plus-value sur les prix ci-dessus,	au mètre cube	15	»

CHARPENTE EN CHÊNE DE PAYS

Fourniture simple

En bois équarri à vives arêtes, sans aubier, jusqu'à 0ᵐ15

13	à 015	le mètre cube	175	»
14	De 0ᵐ16 à 0ᵐ25 de côté,	— —	190	»
15	De 0 26 à 0 35 —	— —	200	»
16	Au-dessus de 0ᵐ35, prix à débattre,		obser.	

Bois équarris à vives arêtes, mais avec aubier sur rives.

Fourniture simple

17	Jusqu'à 0ᵐ15 à 015,	le mètre cube	160	»
18	De 0ᵐ16 à 0ᵐ25,	— —	175	»
19	De 0 26 à 0 35,	— —	185	»
20	Au-dessus de 0ᵐ35, prix à débattre,		obser.	

La journée est de dix heures de travail effectif.

Les journées d'été ou d'hiver seront réduites à l'heure au 1/10ᵐᵉ des prix ci-contre

Bois de chêne équarri avec aubier et tolérance de flâches ou d'à faux jusqu'à 0ᵐ05 en moyenne.

Fourniture simple

21	Jusqu'à 0ᵐ15 à 0 15,	le mètre cube	140 »
22	De 0ᵐ16 à 0ᵐ25	— —	160 »
23	De 0 26 à 0 35,	— —	175 »
24	Au-dessus de 0ᵐ35, prix à débattre.		obser.

Fourniture et façon de pose simple sans assemblages pour sommiers, linteaux, soliveaux, etc.

25	Plus-value sur les prix ci-dessus,	au mètre cube	10 »

Fourniture et façon avec assemblages et pose de travaux ordinaires.

26	Plus-value sur les prix ci-dessus,	au mètre cube	20 »

Plus value

27	Pour chaque décimètre de longueur des pièces de bois 'dépassant 7ᵐ00 de longueur,	au mètre cube	1 »

Chêne de Pologne

28	Equarri à vives arêtes des échantillons du commerce, le m. c.		180 »

CHARPENTE EN BOIS DE HÊTRE

Fourniture simple

29	De bois en grume pour pieux, têtes et pointes faites, jusqu'à 0ᵐ60 de circonférence,	le mètre cube	55 »
30	De 0ᵐ61 à 0ᵐ80 de circonférence,	— —	60 »
31	De 0ᵐ81 et au-dessus —	— —	65 »

Fourniture simple

32	De bois grossièrement équarri à la hâche,	le mètre cube	70 »

Fourniture simple

33	De bois de sciage avec tolérance de flâches ou d'à faux,		80 »

Fourniture simple

34	De bois de sciage équarri à vives arêtes,	le mètre cube	85 »

Façon de pose simple

35	Sans aucun assemblage pour fondation ou autre, le mètre cube		10 »

La fourniture de clous seule sera payée en plus.

Façon et pose

36	Avec assemblage à mi-bois et divers pour fondation au autre, le mètre cube		15 »

Battage de pieux

Le mètre linéaire de fichage en terre pour fondation :

Le battage des pieux comprend toutes locations de sonnettes et autres outils nécessaires.

37	De 3 à 4 mètres de longueur et de 0ᵐ50 à 0ᵐ60 de circonférence, le mètre linéaire		2 25
38	De 4 mètres à 6ᵐ00 et de 0ᵐ61 à 0ᵐ80 de circonférence, le mètre linéaire		3 »
39	De 5ᵐ à 6ᵐ00 et de 0ᵐ81 à 1ᵐ00 de circonférence, le mètre lin.		4 »

CHARPENTE EN BOIS D'ORME

40	Plus-value sur les prix du hêtre,	au mètre cube	15 »

Sciages

41	De vieux bois, compris enlèvement des clous,	le mètre carré	2 »
42	De bois de chêne neuf ou vieux sans clous,	— —	» 90
43	De bois de sapin,	— —	» 75

CHARPENTE EN SAPIN DU NORD

Fourniture simple

44	En bois de poutrelles,	le mètre cube	75 »
45	En bois, de 0ᵐ22 à 0ᵐ27 de côté,	— —	90 »
46	En bois de poutres, de 0ᵐ28 et au-dessus de côté,	— —	110 »

Fourniture simple

En bois de madriers.

47	Sapin rouge,	le mètre cube	95 »
48	— blanc,	— —	92 »
	En bois de bastings :		
49	Sapin rouge,	— —	80 »
50	— blanc,	— —	78 »

Pose simple

51	Des bois ci-dessus fournis sans assemblages, et comptés suivant leur longueur de commerce,	le mètre cube	10 »

Fourniture et façon avec assemblages et pose

52	En bois de poutrelles, sciées,	le mètre cube	90 »
53	En bois de poutres de 0ᵐ22 à 0,27, sciées,	— —	100 »
54	En bois de poutres de 0ᵐ28 et au-dessus,	— —	130 »
	En bois de madrier,		
55	Sapin rouge,	le mètre cube	115 »
56	— blanc,	— —	112 »
	En bois de bastings,		
57	Sapin rouge,	— —	95 »
58	— blanc,	— —	93 »

Plus value

59	Sur la façon des bois courbes,	au mètre cube	10 »
60	Sur les pièces de sapin de plus de 12ᵐ00 de longueur par chaque décimètre en plus,	au mètre cube	1 »

CHARPENTE EN VIEUX BOIS

Vieux bois fournis par l'entrepreneur

61	Dans les travaux de bâtiment, les vieux bois de chêne reconnus bons seront acceptés et réglés au même prix que le sapin rouge,		obser.

Façon simple et fourniture de clous

62	De charpente en vieux bois pour façon sans assemblages,	le mètre cube	15 »
63	De charpente avec assemblages ordinaires,	— —	25 »

Façon et sciage

64	De charpente en vieux bois, compris sciage et pose, sans assemblages, le mètre cube	25	»
65	D° avec assemblages, — —	35	»

Varlopage de charpente visible

66	Le mètre carré de varlopage de chêne neuf,	»	50
67	De chêne vieux,	»	75
68	De sapin neuf,	»	40
69	— vieux,	»	60

Moulures profilées sur bois de charpente

70	Développées au mètre carré, onglets compris, sur bois de chêne,	8	»
71	D° de sapin,	7	»

Location de bois

72	Mis en place pour échafaudages ordinaires, assemblages à tenons boulonnés compris location, jusqu'à trois mois, le mètre cube	40	»
73	Mis en place d° pour échafaudages difficiles, le mètre cube	60	»
74	Chaque mois en plus, au mètre cube	2	»
75	Mis en place pour étaiements, planchers d'échafaudages compris location jusqu'à trois mois le mètre cube	25	»
76	Chaque mois en plus, le mètre cube	1	75
77	De 0ᵐ020 à 0ᵐ030 d'épaisseur pour barrière, clôtures, loué pour trois mois, mis en place avec clous, le mètre carré	1	»
78	Chaque mois en sus,	»	05
79	Au-dessus de un an les prix seront à débattre ou les bois achetés,	obser.	

Location d'outils

80	Location de sonnette à tirande complète, pour un jour,	6	»
81	Chaque jour en plus,	3	»
82	Location d'une chèvre complète, pour un jour,	4	»
83	Chaque jour en plus,	»	50
84	Locations de verrins, pour un jour,	1	»
85	Chaque jour en plus,	»	25

Feuillures ou rainures

86	Le mètre linéaire de feuillure de 0ᵐ1 à 0ᵐ05 de large,	»	30
87	Au-dessus de 0ᵐ05, le mètre linéaire	»	50

Clous

88	D'épingles ou à ponts, dit : picards, le kilogr.	1	»

Goudronnage

Au goudron végétal :

89	Première couche, le mètre carré	»	30
90	Chaque couche en plus, — —	»	25

Ne sont considérés comme échaffaudages difficiles que ceux exécutés à plus de 20ᵐ00 de hauteur ou ceux établis en élévation sans appui sur le sol.

Les prix de location comprennent : les transports, déchet, pose et dépose et la dépréciation des bois et des boulons loués.

Les percements de trous et boulous ou autres ne seront payés que pour les pièces de bois en place auxquelles les échaffauds ou étaiements pourraient être joints.

Pose de boulons

91	Chaque boulon de 0ᵐ10, pour façon de mise en place,	» 10
92	Chaque 0ᵐ10 en plus,	» 10
93	Chaque boulon mis en place avec encastrement des têtes et écrous,	» 25

MODE DE MESURAGE DE LA CHARPENTE

Tous les bois de charpente doivent être mesurés à leur cube réel en prenant les équarrissages au milieu des longueurs.

Les prix des bois de madriers sont établis en prenant pour base 0ᵐ08 sur 0ᵐ23.

Les prix des bois de Basting sont établis en prenant pour base 0ᵐ07 sur 0ᵐ18.

Toutes les pièces d'assemblages doivent être mesurées des extrémités de leurs tenons ou amortissements quelconques.

Tous les bois courbes doivent être mesurés suivant le segment nécessaire au cintre de la pièce de charpente.

1re SECTION

MENUISERIE

PRIX DE RÈGLEMENT

	JOURNÉES	
	Journée de dix heures	
1	D'ouvrier de ville pour travaux ordinaires,	4 »
2	— demandé pour travaux difficiles,	4 50
3	D'apprenti aide fort,	3 »
	FOURNITURES SIMPLES	
	Bois brut	
4	Prix de base de tous les échantillons de commerce, planches, épaisseur 0^m027	obser.
	Chêne de Hénault	
5	Le mètre linéaire de bois de chêne de Hainault, de 0^m22 à 0 027,	2 »
	Chêne de pays 1er choix	
6	Le mètre linéaire de planche, 0^m22 à 0 027	1 50
7	Le mètre linéaire de madrier, de 0^m22 à 0 08	4 »
	Sapin rouge	
8	Le mètre linéaire de planche, 0^m22 à 0 027	» 80
9	Le mètre linéaire de madrier, 0^m22 à 0 08	2 »
10	Le mètre linéaire de basting, 0^m06 à 0 18	1 20
	Bois blanc de Hollande	
11	Le mètre linéaire de bois blanc, de 0^m22 à 0 027	» 75
12	— de madrier, de 0^m22 à 0 08	2 »
	Bois de Caroline	
13	Le mètre linéaire de planche, 0^m22 à 0 027	» 60
	Orme ou hêtre	
14	Le mètre linéaire de planche, 0^m22 à 0 027	» 90
	Clous	
15	De moins de 0^m04 de longueur, le kilogr.	1 20
16	De plus de 0^m04 —	1 10

Toutes les autres épaisseurs de bois seront payées en prenant pour base le prix de la planche de 0^m027 d'épaisseur.

Colle

17 | De Givet, fourniture simple, | le kilogr. | 2 40

Papier de verre

18 | La feuille, | | » 12

Pierre ponce

19 | En morceaux, | le kilogr. | 1 50

OUVRAGES AU MÈTRE

Alaises rapportées sur rives de portes, volets ou autres, assemblées à rainures et languettes, collées et clouées.

Au mètre linéaire :

En chêne

20 | Epaisseur 0ᵐ027 jusqu'à 0ᵐ011 de largeur, | le mètre linéaire | 1 »
21 | — de 0ᵐ08 — 0 011 | — — | 1 25
22 | — 0ᵐ034 jusqu'à 0 011 | — — | 1 25
23 | — 0ᵐ08 — 0 011 | — — | 1 50
24 | — 0ᵐ04 jusqu'à 0 011 | — — | 1 50
25 | — 0ᵐ08 — 0 011 | — — | 1 75

En sapin

26 | Epaisseur 0ᵐ027 jusqu'à 0 007 de largeur, | le mètre linéaire | » 65
27 | — de 0 08 — 0 011 | — — | » 85
28 | — . 0ᵐ034 jusqu'à 0 007 | — — | » 75
29 | — de 0ᵐ08 — 0 011 | — — | 1 »
30 | — 0ᵐ040 jusqu'à 0 007 | — — | 1 »
31 | — de 0 08 — 0 011 | — — | 1 25

Dressement et équarrissement

32 | De rives de portes ou volets, | le mètre linéaire | » 15

Arrondissements d'angles de Tablettes

à la pièce.

Arrondissement d'angles jusqu'à 0ᵐ 10 de rayon

33 | En bois sapin de 0ᵐ027 d'épaisseur, | la pièce. | » 20
34 | — de 0 034 — | — | » 25
35 | — de 0 040 — | — | » 30
36 | En chêne, plus-value, | — | » 10

BAGUETTES EN SAPIN ROUGE

au mètre linéaire.

Baguettes d'angles compris pose et clous

37 | Jusqu'à 0ᵐ02 de diamètre, | le mètre linéaire | » 35
38 | — 0 03 — | — — | » 40
39 | — 0 04 — | — — | » 60
40 | — 0 05 — | — — | » 75

Dans tous les travaux de menuiserie les épaisseurs sont indiquées avant le corroyage des bois. Les épaisseurs après exécution des travaux seront diminuées de quelques millimètres.

Baguettes entre 2 carrés

	Mêmes prix que les baguettes ci-dessus,		obser.

Baguettes 1/2 rondes

41	Jusqu'à 0^m02 de diamètre,	le mètre linéaire	» 30
42	— 0 03 —	— —	» 35
43	— 0 04 —	— —	» 45
44	— 0 05 —	— —	» 60

Pose simple de vieilles baguettes

| 45 | Clouées sur cales, | le mètre linéaire | » 15 |

Dépose avec soin

| 46 | Des baguettes ci-dessus, | le mètre linérire | » 03 |

BANDEAUX ET PLINTHES

corroyés, ajustés et cloués sur cales, au mètre linéaire.

En chêne de pays

47	Hauteur 0^m11, épaisseur 0^m016	1 »
48	— — 0 020	1 25
49	— — 0 027	1 40
50	Hauteur 0^m18, épaisseur 0 016	1 25
51	— — 0 020	1 50
52	— — 0 027	1 75
53	Hauteur 0^m22, épaisseur 0 016	1 50
54	— — 0 020	1 75
55	— — 0 027	2 »

En sapin rouge

56	Hauteur 0 11, épaisseur 0 016	» 55
57	— — 0 020	» 65
58	— — 0 027	» 75
59	Hauteur 0 12, à 0 18, ép. 0 016	» 85
60	— — 0 020	1 »
61	— —. 0 027	1 10
62	Hauteur, 0 19 à 0 22, ép. 0 016	1 »
63	— — 0 020	1 10
64	— — 0 027	1 25

Plus value

| 65 | Pour baguette ou congé poussé sur rives, | le mètre linéaire, | » 05 |

Dépose et rangement

De bandeaux ou plinthes, de 0^m10 à 0 22.

| 66 | —   en chêne, | le mètre linéaire | » 10 |
| 67 | —   en sapin, | — — | » 05 |

Façon simple

De pose des plinthes ci-dessus, compris clous et cales,

| 68 | | le mètre linéaire | » 25 |

BARRES D'APPUI

pour balcons de fenêtres ou autres. Parties droites.

Barres d'appui profil olive

| 69 | 0^m054 à 0 034, en chêne. | le mètre linéaire | 1 75 |
| 70 | —   en sapin, | — — | 1 50 |

Barres d'appui profil à gorge

71	0^m059 à 0 0 40, en chêne,	le mètre linéaire	2 »
72	— en sapin,	— —	1 75

Scellement au plâtre

73	Chaque scellement dans la brique,		» 25
74	— dans la pierre,		» 20

BARRES ET FOURRURES

en bois brut pour redressement de surfaces, clouées
sur cales.

Barres et fourrures de 0^m 07 de largeur (en place)

75	Chêne de pays, épaisseur de 0^m020 à 0 027	le mètre linéaire	» 60
76	— — 0 034 à 0 040	— —	» 75
77	Sapin rouge — 0 020 à 0 027	— —	» 50
78	— — 0 034 à 0 040	— —	» 60
79	En vieux bois pour façon,	le mètre linéaire	» 25

Entaille et scellement au plâtre

80	Des barres ci-dessus, plus-value,	au mètre linéaire	» 50

BATIS DE TENTURE

Largeur 0^m07, assemblé à tenons et mortaises avec feuillures pour clouer la toile, compris pose et clous.

En chêne

81	Non rabotté, épaisseur 0^m020	le mètre linéaire	» 90
82	— — 0 027	— —	1 »
83	— — 0 034	— —	1 15
84	Rabotté, épaisseur 0^m020	le mètre linéaire	1 »
85	— — 0 027	— —	1 10
86	— — 0 034	— —	1 25
	En vieux bois chêne (façon simple)		
87	— 0 020	le mètre linéaire	» 25
88	— 0 027	— —	» 30
89	— 0 034	— —	» 35

*Plus value sur les prix ci-dessus pour chaque partie de 0^m03 de
largeur en sus.*

90	En bois non rabotté,	au mètre linéaire	» 20
91	— rabotté,	— —	» 25
92	En vieux bois,	— —	» 15

Batis de tenture d° en sapin

93	Non rabotté, épaisseur 0^m020	le mètre linéaire	» 60
94	— — 0 027	— —	» 65
95	— — 0 034	— —	» 75
96	Rabotté, — 0 020	— —	» 70
97	— — 0 027	— —	» 75
98	— — 0 034	— —	» 90
	En vieux bois de sapin (façon)		
99	épaisseur 0^m020	— —	» 20
100	— 0 027	— —	» 25
101	— 0 034	— —	» 30

Plus-value sur les prix ci-dessus pour chaque partie de 0ᵐ03 de largeur en sus.

102	En bois non raboté,	au mètre linéaire	» 15
103	En bois raboté,	— —	» 20
104	En vieux bois,	— —	» 10

Blanchissage et dressage des bois

105	De chêne,	le mètre carré	» 75
106	De sapin ou autre bois tendres,	— —	» 60
107	De vieux bois (enlèvement de clous),		1 »

BARRES D'ATTACHE

Pour cuisines ou autres.

Sapin rouge

108	De 0ᵐ034 d'épaisseur sur 0 07 de largeur, épannelé ou à baguette sur rives mises en place,	le mètre linéaire	» 80
109	Les mêmes de 0 08 à 0 11 de largeur,	— —	1 »

CHAMBRANLES ET ÉBRASEMENTS DE PORTES ET FENÊTRES

en bois unis corroyés sur les trois faces vues,

En chêne de pays

110	Jusqu'à 0 07 de largeur, épaisseur 0 016	le mètre linéaire	» 65
111	— — 0 020	— —	» 75
112	— — 0 027	— —	» 85
113	— — 0 034	— —	1 »

En sapin rouge

114	Jusqu'à 0 07 de largeur, épaisseur 0 016	le mètre linéaire	» 45
115	— — 0 020	— —	» 50
116	— — 0 027	— —	» 55
117	— — 0 034	— —	» 60

Plus value

118	Pour ébrasements et chambranles ci-dessus de 0 08 à 0 11 de largeur, en chêne,	le mètre linéaire	» 20
119	en sapin,	— —	» 15

ÉBRASEMENTS

de 0ᵐ12 à 0 23, au mètre carré.

En chêne de pays

120	Epaisseur 0 016	le mètre carré	7 »
121	— 0 020	— —	8 »
122	— 0 027	— —	9 »
123	— 0 034	— —	10 »

Sapin rouge ou bois blanc

124	Epaisseur 0 016	le mètre carré	5 »
125	— 0 020	— —	5 50
126	— 0 027	— —	6 »
127	— 0 034	— —	6 75

En vieux bois travaux à façon

128	De toute épaisseur,	le mètre carré	3 »

Plus value

129	Pour baguette ou congé sur rive,	au mètre linéaire	» 05

La pose des ébrasements et chambranles comprend les cales nécessaires en certains cas pour clouer contre des vieux bois mal dressés.

Mais les barres scellées ou les tampons seront payés en sus.

Moins value

130 — Sur les prix ci-dessus pour ébrasements de plus de 0 23 de large, assemblés et collés,   au mètre carré   » 50

CHASSIS FIXES

pour impostes de portes refends vitrés ou autres
avec petit bois moulurés.

Chassis en chêne

131	Cadre de 0 07 à 0 027	le mètre carré	8	50
132	— 0 10 à 0 027	— —	9	»
133	— 0 10 à 0 034	— —	9	50

Chassis en sapin

134	Cadre de 0 07 à 0 027	le mètre carré	7	»
135	— 0 10 à 0 027	— —	7	50
136	— 0 10 à 0 034	— —	8	»

Les châssis sans petit bois produisant plus de 0ᵐ80 carrés seront comptés au mètre linéaire comme bâtis d'assemblage à 4 parements.

Plus value au mètre linéaire

Pour traverse cintrée avec flèche, de 0 01 à 0 05 :

137	Sur une rive, en chêne,	le mètre linéaire	»	75
138	— en sapin,	— —	»	50
139	Sur deux rives, en chêne,	— —	1	25
140	— en sapin,	— —	1	»

Flèche à 0 06 à 0 10

141	Sur une rive en chêne,	le mètre linéaire	1	»
142	— en sapin,	— —	»	75
143	Sur deux rives en chêne,	— —	1	50
144	— en sapin,	— —	1	25

145 — Au-dessus de 0ᵐ10 de flèche, la partie cintrée sera comptée double comme surface et payée aux prix de la série,   au mètre carré   obser.

Les châssis à petits carreaux sont ceux ayant plus de 5 carreaux par mètre carré.

Plus value

146 — Pour châssis à petits carreaux.   au mètre carré   1/10ᵉ

147 — Pour châssis à la grecque à assemblages biais ou irréguliers,   au mètre carré   1/3

Les châssis à la grecque assemblés d'équerre ne donnent lieu à aucune plus value autre que celle pouvant résulter du nombre des carreaux au mètre carré.

CROISÉES A DEUX VANTEAUX

avec imposte et petits bois moulurés.

Bâtis de dormant de 0 06 à 0 05, bâtis ouvrant de 0 04 à 0 07, appui 0 08 à 0 08, jet d'eau 0 07 à 0 07

au mètre carré.

En chêne de pays

148	Au-dessous de 1ᵐ80 de surface,	le mètre carré	14	»
149	— de 1ᵐ80 à 2 50, —	— —	13	»
150	Au-dessus de 2 50, —	— —	12	»

Les croisées sans petits bois seront réglées aux mêmes prix en compensation du choix des bois nécessaires. Les plus values de cintres sont les mêmes que pour les châssis.

En sapin rouge

151	Au-dessous de 1ᵐ80,	— —	12	»
152	de 1ᵐ80 à 2 50,	— —	11	»
153	Au-dessus de 2 50,	— —	10	»

CROISÉES SEMBLABLES

avec bâtis fixe de 0^m04 à 0 05, ouvrant de 0^m34 à 0 07 et les autres bois réduits proportionnellement au mètre carré.

En chêne de pays

154	Au-dessous de 1^m80 de surface,	le mètre carré	13	»
155	— de 1^m80 à 2^m50,	— —	12	»
156	Au-dessus de 2 50,	— —	11	»

En sapin rouge

157	Au-dessous de 1^m80 de surface,	le mètre carré	11	»
158	— de 1^m80 à 2 50,	— —	10	»
159	Au-dessus de 2^m50,	— —	9	»

Plus value

160	Pour croisées avec appui et jet d'eau en chêne, au mètre carré	1	»

Coins ronds en chêne ou orme

Assemblés dans les angles de portes, châssis ou croisées.

161	Jusqu'à 0,06 de rayon,	la pièce	»	50
162	— 0^m07 à 0 10 de rayon,	—	»	75
163	Au-dessus de 0^m10 —	—	1	25

Menuiserie d'assemblage pour portes, refends, placards d'armoires ou autres assemblages avec bâtis feuilluré, panneaux collés, façon dite à glace de 2 parements ou arasés d'un côté.

au mètre carré.

Cloisons et portes à 2 parements en chêne de pays

164	Bâtis 0^m027, panneau 0^m016	le mètre carré	9	50
165	— 0 027, — 0 020	— —	10	»
166	— 0 034, — 0 020	— —	10	50
167	— 0 040, — 0 020	— —	11	»
168	— 0 040, — 0 027	— —	11	50
169	— 0 040, — 0 034	— —	12	»
170	— 0 054, — 0 027	— —	13	»
171	— 0 054, — 0 034	— —	13	50

Cloisons et portes d° en sapin rouge

172	Bâtis 0^m027, panneau 0^m016	le mètre carré	6	25
173	— 0 027, — 0 020	— —	6	50
174	— 0 034, — 0 020	— —	7	»
175	— 0 034, — 0 027	— —	7	50
176	— 0 040, — 0 020	— —	7	50
177	— 0 040, — 0 027	— —	8	»
178	— 0 040, — 0 034	— —	8	»
179	— 0 054, — 0 027	— —	8	50
180	— 0 054, — 0 034	— —	9	»

Plus value pour portes et cloisons

L'orsqu'il y aura plus de 2 panneaux par mètre carré, par chaque panneau en plus sur le prix ci-dessus,

181	au mètre carré	1/20^e

Plus value de bâtis profilés

Chaque parement sur lesquels les bâtis seront profilés, donne une plus value aux prix ci-dessus.

182	En chêne,	au mètre carré	»	75
183	En sapin,	— —	»	50

Plus value

	Pour plates-bandes sur les panneaux			
	Par chaque parement,	au mètre carré		
184	en chêne,	— —	» 75
185	en sapin,	— —	» 50
	Pour plates-bandes avec carré sur les panneaux			
	Par chaque parement,			
186	en chêne,	— —	1 »
187	en sapin,	— —	» 75
188	Les plus-values ci-dessus sont applicables aussi au nombre des panneaux,		obser.

LAMBRIS D'ASSEMBLAGES

à un seul parement.

Mêmes prix que ci-dessus avec moins-value, pour le parement brut :

189	En chêne,	au mètre carré	1 »
190	En sapin,	— —	» 75

CLOISONS, PORTES, VOLETS

sans assemblages en planches embrevées collées et clouées sur barres, de 0m04 à 007 ou à emboîtures et à clefs,

En chêne

191	De 0m020 d'épaisseur,	le mètre carré	8 50
192	0 027 —	— —	9 50
193	0 034 —	— —	10 50

En sapin, barres en chêne ou Orme

194	De 0m020 d'épaisseur,	le mètre carré	6 50
195	0 027 —	— —	7 »
196	0 034 —	— —	8 »

Plus value

Pour plates-bandes ou baguettes poussées sur rives en larges

197	planches, chêne,	le mètre carré	» 50
198	sapin,	— —	» 25
199	En demi-lames, chêne,	— —	» 75
200	— sapin,	— —	» 50

Portes sur batis d'assemblages en chêne

Plus-value sur les prix ci-dessus :

201	Pour batis de 0m07 à 0 027	au mètre carré	2 »
202	— de 0 07 à 0 034	— —	3 »
203	— de 0 07 à 0 034	— —	3 50
204	— de 0 10 à 0 040	— —	4 »

Portes sur batis d'assemblages en sapin

Plus-value sur les prix ci-dessus :

205	Pour batis de 0m07 à 0 027	le mètre carré	1 50
206	— de 0 07 à 0 034	— —	1 75
207	— de 0 10 à 0 034	— —	2 »
208	— de 0 10 à 0 040	— —	2 50

Les portes et cloisons à moulures rapportées seront comptées aux prix ci-contre et les moulures en sus au mètre linéaire. Les placards d'armoires ainsi que les parties à un seul parement au-dessus des cheminées seront comptés au même prix en compensation des plinthes et bandeaux rapportés sur les montants de batis sans aucune autre plus value.

Les plus values pour nombre de panneaux au mètre carré et celles pour batis profilés ou tables saillantes, avec ou sans carré sont les mêmes que pour les portes et cloisons.

La plus value du nombre de panneaux est de plus applicable aux prix des autres plus values indiquées ci-dessus.

PORTES VITRÉES

Partie basse avec panneau et frise, partie haute vitrée.
Batis profilés de 0ᵐ08 à 0 11 de largeur, petits bois moulurés.

En chêne

209	Bâtis de 0ᵐ034, panneau 0 020	le mètre carré	13	»	
210	— 0 040 — 0 027	— —	14	»	
211	— 0 054 — 0 034	— —	15	»	

Le prix de ces portes est le même pour celles à façon dite à la grecque, à petits bois assemblés d'équerre.

En sapin

212	Bâtis de 0ᵐ027, panneau 0 016	le mètre carré	8	50
213	— 0 034 — 0 020	— —	9	»
214	— 0 040 — 0 027	— —	10	»
215	— 0 054 — 0 034	— —	11	»

Les plus values de cintre sont les mêmes que pour les chassis.

Plus value

Pour assemblages de petits bois, en biais ou à dessins irréguliers,

216	en chêne,	au mètre carré,	3	»
217	en sapin,	— —	2	»

Porte à 2 vantaux

Mêmes prix que ci-dessus, les battées seules comptées en sus

218	comme moulures au prix de la série, au mètre linéaire	obser.	

PORTES COCHÈRES

Grande porte sans guichet bâtis en chêne 0 07 sur 0 18

Panneau en larges planches avec plates-bandes ou baguettes sur rives, clouées sur bâtis d'assemblage avec croisillons en chêne.

219	Epaisseur 0ᵐ020	le mètre carré	16	»
220	0 027	— —	17	»
221	0 034	— —	18	»

Les portes cochères à deux parements seront faites à prix débattus suivant le dessin à exécuter.

Tablier en sapin

222	Epaisseur 0 020	— —	13	50
223	0 027	— —	14	»
224	0 034	— —	15	»

Moins value

225	Le bâtis étant aussi en sapin,	au mètre carré	1	50

Plus value

226	Pour tablier en 1/2 lames de chêne,	au mètre carré	1	25
227	— en 1/2 lames de sapin,	— —	1	»
228	Pour portes à guichet,	— —	1/10ᵉ	

PORTES A CLAIRES-VOIES

Sur barres en chêne de 0ᵐ034 d'épaisseur

Lames de 0ᵐ07 à 0 027, espacées de 0 05,

229	en chêne,	le mètre carré	8	»
230	en sapin,	— —	6	»

Sur bâtis d'assemblage en 0ᵐ034 d'épaisseur

Lames de 0ᵐ07 à 0 027, espacées de 005,

231	en chêne,	le mètre carré	10	»
232	en sapin,	— —	8	»

Les lames sont en 0ᵐ013 pour les batis de 0,027 et en 0,016 pour tous les autres.

PERSIENNES A DEUX VENTAUX

sans dormants.

Lames en sapin bâtis en sapin

233	De 0ᵐ027 d'épaisseur,	le mètre carré	8	»
234	0 034 —	— —	8	50
235	0 040 —	— —	9	»

Lames sapin bâtis chêne

236	De 0 027 d'épaisseur,	le mètre carré	9	25
237	0 034 —	— —	10	25
238	0 040 —	— —	11	25

Lames chêne bâtis chêne

239	De 0 027 d'épaisseur.	le mètre carré	11	»
240	0 034 —	— —	12	»
241	0 040 —	— —	13	»
242	Les bâtis dormants de persiennes seront comptés au mètre linéaire comme bâtis à quatre parements (Voir plus loin).		obscr.	

PERSIENNES BRISÉES OU PETITES PERSIENNES

avec ou sans bâtis dormants

Par feuilles de 0ᵐ29 à 0ᵐ35 de largeur.

Plus-value au mètre carré sur les prix ci-dessus.

243	Sur celles en sapin bâtis 0ᵐ027	le mètre carré	3	»
244	— — 0 034	— —	3	50
245	— — 0 040	— —	4	»
246	Sur celles en chêne et sapin bâtis 0ᵐ027	— —	3	50
247	Et sur celles tout chêne — 0 034	— —	4	»
248	— 0 004	— —	4	50

Au-dessus de 0ᵐ35 de largeur, aucune plus value ne sera accordée sur les prix des persiennes à deux vantaux.

Les parties cintrées compteront double pour la surface du segment.

PERSIENNES BRISÉES PAR FEUILLES

de 0ᵐ20 à 0ᵐ28 de largeur.

Plus-value au mètre carré sur les prix des persiennes à deux vantaux.

249	Sur celles en sapin bâtis 0ᵐ027	au mètre carré	5	»
250	— — 0 034	— —	5	50
251	— — 0 040	— —	6	»
252	Sur celles en chêne — 0 027	— —	5	50
253	— — 0 034	— —	6	»
254	— — 0 040	— —	6	50

BATIS D'HUISSERIE ET BATIS DIVERS

corroyés de trois parements avec feuillures ou baguettes sur rives, assemblages compris.

Bâtis à 3 parements en sapin

255	Epaisseur 0ᵐ027 de 0 10 de large,	le mètre linéaire	1	»
256	— chaque 0 01 en plus ou moins.		»	05

257	Épaisseur 0ᵐ034 de 0 10 de large,	le mètre linéaire	1	»
258	— chaque 0 01 en plus ou en moins,		»	05
259	— 0 040 de 0 10 de large,	— —	1	25
260	— chaque 0 01 en plus ou en moins,		»	07
261	— 0 034 de 0 10 de large,	— —	1	50
262	— chaque 0 01 en plus ou en moins,		»	10
263	— 0 08 de 0 10 de large,	— —	1	75
264	— chaque 0 01 en plus ou en moins,		»	10
265	— 0 11 de 0 10 de large,	— —	2	50
266	— chaque 0 01 en plus ou en moins,		»	20

Bâtis à 3 parements en chêne de pays

267	Épaisseur 0ᵐ027 de 0ᵐ10 de large,	le mètre linéaire	1	50
268	— chaque 0 01 en plus ou en moins,		»	07
269	— 0 034 de 0 10 de large,	— —	1	75
270	— chaque 0 01 en plus ou en moins,		»	10
271	— 0 040 de 0 10 de large,	— —	2	»
272	— chaque 0 01 en plus ou en moins,		»	15
273	— 0 054 de 0 10 de large,	— —	2	50
274	— chaque 0 01 en plus ou en moins,		»	15
275	— 0 08 de 0 10 de large,	— —	3	»
276	— chaque 0 01 en plus ou en moins,		»	25
277	— 0 11 de 0 10 de large,	— —	4	»
278	— chaque 0 01 en plus ou en moins,	— —	»	25

Bâtis à 4 parements, plus value

Sur les prix des bâtis à trois parements.

279	Sur ceux en sapin,	au mètre linéaire	»	15
280	Sur ceux en chêne,	— —	»	25

Bâtis d'huisserie pour refends en briques de champ

En sapin rouge (bois de basting) de 0ᵐ06 à 0 08

281	le mètre linéaire		1	50
282	De 0ᵐ06 à 0 17,	— —	2	»

PLANCHERS

Planchers en bois brut à plats joints, à coupes perdues, et cloués au dessus

Chêne de pays

283	En planches de 0ᵐ22 sur 0 027 d'épaisseur	le mètre carré	6	»
284	En lames de 0 10 sur 0 027 —	— —	6	50
285	— de 0 22 sur 0 020 —	— —	5	»

Bois de sapin ou bois blanc

286	En lames, de 0 22 à 0 027 d'épaisseur,	le mètre carré	3	50
287	— de 0 10 à 0 027 —	— —	3	75
288	— de 0 22 à 0 020 —	— —	3	»
289	— de 0 17 à 0 020 —	— —	3	»
290	— de 0 17 à 0 03.	— —	3	50

Bois de caroline

291	En lames, de 0 22 à 0 027	le mètre carré	3	»
292	— de 0 22 à 0 020	— —	2	75

Planchers en larges planches assemblées à rainures et languettes à clous et coupes perdus, (rafleurage non compris).

Bois de 0ᵐ034 d'épaisseur

293	En chêne premier choix,	le mètre carré	11	»
294	— ordinaire,	— —	9	»
295	En sapin rouge ordinaire,	— —	4	50
296	En bois blanc de choix,	— —	4	50

Les parties de refends pour clôture ou autre en bois brut cloué sur barres ou à recouvrements, seront réglées aux prix ci-contre, les barres et les recouvrements comptés en plus, soit au prix, soit au métré.

Les planchers de chêne de choix doivent être sans aubier ni nœuds.

Ceux en chêne ordinaire sont avec tolérance de nœuds non vicieux et d'un peu d'aubier sur rives.

Les planchers en sapin doivent être en bois déjà choisis comme bois à planchers, mais avec tolérance de nœuds non vicieux et de blen sur rives.

Bois de 0ᵐ027 sur 0ᵐ20

297	En chêne de choix,	le mètre carré	8	50
298	— ordinaire,	— —	7	»
299	En sapin rouge ordinaire,	— —	4	»
300	En bois blanc de choix,	— —	4	»

Rafleurage des planchers ci-dessus

301	En chêne,	le mètre carré	»	60
302	En sapin,	— —	»	50
303	En bois blanc,	— —	»	60

Planchers en 1/2 lames assemblées à rainures et languettes à clous et coupes perdus non compris rafleurage.

Bois 0ᵐ027 sur 0ᵐ10

304	En chêne de choix,	le mètre carré	10	»
305	En chêne ordinaire,	— —	9	»
306	En sapin rouge ordinaire,	— —	5	»
307	En bois blanc de choix,	— —	5	»

Bois de 0ᵐ034 sur 0ᵐ10

308	En chêne de choix,	le mètre carré	11	50
309	— ordinaire,	— —	10	»
310	En sapin rouge ordinaire,	— —	5	75
311	En bois blanc de choix,	— —	5	75

Planchers en bois de basting de sapin assemblés à rainures et languettes (non rafleurés)

312	En lames de 0ᵐ17 sur 0 020 d'épaisseur,	le mètre carré	3	50
313	— 0 17 sur 0 025 —	— —	4	»
31	— 0 17 sur 0 030 —	— —	4	50

Plus value

315	Pour planchers de choix ou de sapin rouge avec petits nœuds sans bleu	au mètre carré	»	25
316	Pour planchers de choix en sapin rouge sans aucun nœud ni bleu, prix à débattre d'avance.		obser.	

Point de Hongrie en frises compris rafleurage

De 0ᵐ30 à 0 40 d'écartement.
plus value :

317	Sur les planchers ci-dessus,	en chêne,	3	50
318		en sapin	3	»

De 0ᵐ41 à 0 50 d'écartement,
plus value :

319	Sur les planchers ci-dessus,	en chêne,	3	»
320		en sapin	2	50

CADRES
de foyers et frises assemblées d'onglet.

321	Epaisseur 0ᵐ027 sur 0 10, en chêne de choix, le mètre linéaire		1	60
322	— en chêne du pays. — —		1	40
323	— en sapin ou bois blanc, — —		1	20
324	Epaisseur 0ᵐ034 sur 0 10 en chêne de choix, — —		1	75
325	— ordinaire, — —		1	50
326	— sapin ou bois blanc, — —		1	25

Démontage avec soin

327	De planchers en larges planches, compris rangement près de l'œuvre,	le mètre carré	»	20
328	De planchers en 1/2 lames compris rangement.	— —	»	30

Rafleurage de vieux planchers

	De 0^m10 à 0^m20 de largeur de lames,		
329	En chêne,	le mètre carré	» 75
330	En sapin,	— —	» 60
331	Cloués au-dessus, plus-value	au mètre	» 25

STYLOBATES

332	de 0^m33 de hauteur en 3/4 sapin rouge (0^m020 d'épaisseur) avec plinthe de 0^m10 en feuillet et cymaise arrondie de 0 06 sur 0 027, dressés sur cales au besoin	le mètre linéaire	2 75
333	Stylobate semblable avec plinthe profilée et moulure rapportée sous la cymaise,	le mètre linéaire	3 25
334	Stylobate de 0^m44 de hauteur totale avec plinthe et cymaise comme ci-dessus,	le mètre linéaire	3 25
335	Stylobate semblable avec moulure et baguette rapportées,	au mètre linéaire	3 75

TABLETTES DE CROISÉES

Arrondies sur rives et dressées sur cales, au mètre linéaire

En chêne

336	Jusqu'à 0^m05 de large, épaisseur 0^m027	le mètre linéaire	1	»
337	— — 0 034	— —	1	10
338	De 0^m06 à 0 10 de large, — 0 027	— —	1	30
339	— — 0 034	— —	1	40
340	De 0^m11 à 0 15 de large, — 0 027	— —	1	70
341	— — 0 034	— —	1	85
342	— — 0 040	— —	2	»
343	De 0^m16 à 0 22 de large, — 0 027	— —	2	25
344	— — 0 034	— —	2	60
345	— — 0 040	— —	3	»

Tablettes en sapin rouge

346	Jusqu'à 0^m05 de large épaisseur, 0 027	le mètre linéaire	»	75
347	— — 0 034	— —	»	80
348	De 0^m06 à 0 10 de large — 0 027	— —	1	»
349	— — 0 034	— —	1	10
350	De 0^m11 à 0 15 de large — 0 027	— —	1	25
351	— — 0 034	— —	1	35
352	— — 0 040	— —	1	50
353	De 0^m16 à 0,22 de large — 0 027	— —	1	50
354	— — 0 034	— —	1	75
355	— — 0 040	— —	2	»

Plus value

356	Pour baguette profilée avec retours compris,	au mètre linéaire	» 15

Tablettes d'armoires ou autres assemblées à rainures et languettes, collées et blanchies de 2 parements.

Bois de sapin ou bois blanc

357	Epaisseur 0^m020	le mètre carré	4 75
358	— 0 027	— —	5 50
359	— 0 034	— —	6 25

Pour tous autres stylobates plus ou moins ouvragés, compter les parties unies aux prix indiqués à l'article ébrasements, et la plinthe. la cymaise ou moulure rapportées aux prix de la série de ces articles. Les barres ou tampons scellés seront seuls payés en plus.

Bois de caroline

360	Epaisseur 0ᵐ020	le mètre carré	4	»
361	— 0 027	— —	4	50
362	— 0 034	— —	5	»

Plus value

363	Pour moulure ou baguette sur rive	le mètre linéaire	»	10

TASSEAUX EN SAPIN

364	Jusqu'à 0ᵐ35 de longueur compris trous et scellements, la pièce		»	25
365	De 0ᵐ36 à 0 60 — —		»	30
366	De 0 61 à 1 00 — —	le mètre linéaire	»	40
367	Au-dessus de 1 00 compris pose, — —		»	45

Terrasses de couvertures, fronteau en sapin de 0 027 sur 0 22 tasseau embrevé et arrondi, fond de 0 23 en sapin brut de 0 027 d'épaisseur, faux fond de 0 020 d'épaisseur sur tasseaux ajustés en pente compris crochets en fer fixés à vis, et planches de revers en sapin de 0 020 d'épaisseur.

368	Mises en place,	le mètre linéaire	5	50

Plus value

369	Pour chaque partie de 0 07 de largeur de fond en plus de 0 23 au mètre linéaire		»	75
370	Pour chaque assemblage d'équerre de 2 terrasses, comprenant la coupe des 2 parties	la pièce	1	»

LAMBOURDES DE PLANCHERS

Assemblées à mi-bois et dressées sur cales, nivellement compris

Lambourdes en chêne 2ᵉ choix

371	De 0ᵐ05 à 0 07	le mètre linéaire	1	»
372	0 07 à 0 07	— —	1	20
373	0 08 à 0 08	— —	1	30
374	0 09 à 0 09	— —	1	75
375	0 10 à 0 10	— —	2	»

Lambourdes en vieux bois de chêne (fourni)

Compris pose et assemblage,

376	0 08 à 0 08	le mètre linéaire	»	80
377	0 10 à 0 10	— —	1	»

Façon simple et clous

378	Le mètre linéaire de pose de lambourdes et clous		»	40

Démontage

379	Et rangement de lambourdes,	au mètre linéaire	»	05

CYMAISES ET CORDONS

Pour couronnements de plinthes ou autres mis en place.

En sapin arrondi sur rive

380	De 0ᵐ027 sur 0 05	le mètre linéaire	»	60
381	0 027 sur 0 07	— —	»	70
382	0 034 sur 0 05	— —	»	65
383	0 034 sur 0 07	— —	»	75

Les parties en avant des lucarnes ou autres saillies, moins larges ou sans planche de revers, seront payées au même prix en compensation des frais d'ajustement.

Quant les crochets auront été fournis par le serrurier, leur valeur sera déduite des prix ci-contre.

Les terrasses avec parties en chêne seront comptées au même prix avec plus value de la différence du prix des bois comme aux bois fournis bruts.

Les Lambourdes seront tolérées en chêne de pays à vives arêtes, mais avec aubier sur rives.

384	De 0 04 à 0 05	— —	» 75
385	0 04 à 0 07	— —	» 80
386	0 05 à 0 05	— —	» 80
387	0 05 à 0 07	— —	1 »
388	Crémaillères en bois dur pour tablettes mobiles, le mètre linéaire		1 50

Calibres en hêtre

389	Pour corniches quelconques. Le centimètre de développement du profil sera payé	» 05

CHAMBRANLES DE CHEMINÉES

façon capucine simple.

En sapin de 0^m 027 d'épaisseur, de 1 00 à 1 10 de hauteur.

390	Par une largeur de 1 ^{m} 00	la pièce	6 »
391	— de 1 10	—	6 50
392	— de 1 20	—	7 »
393	— de 1 30	—	7 50
394	De 1 ^{m} 40 de largeur et de 1 20 à 1 40 de hauteur,		8 50

Couvercle

395	En bois de chêne ou orme pour lunette de siége à bouton tourné,	1 25

SOCLES DE MOULURES

à la pièce.

Socles de saillies de moulures jusqu'à 0^m10 de hauteur

396	Jusqu'à 0 ^{m} 05 de largeur sur 0 027	la pièce	» 25
397	De 0 06 à 0 10 — 0 034	—	» 40
398	De 0 06 à 0 10 — 0 040	—	» 50

DENTICULES DIVERSES

Denticules en chêne ou en sapin

399	Simples jusqu'à 0 ^{m} 04 de côté,	la pièce	» 05
400	Avec filet simple —	—	» 07
401	Avec filet triangulaire,	—	» 09
402	Chaque centimètre en plus ou moins,		» 01

FEUILLURES OU RAINURES

Feuillures ou rainures de 0^m 03 de largeur

403	Le mètre linéaire	» 05

GOUSSETS

Goussets

De 0 ^{m} 20 à 0 30 de longueur sur 0 20 de largeur, chantournés à la scie et mis en place,

404	en chêne,	la pièce	» 75
405	en sapin,	—	» 60

Planches à bouteilles

Bois de 0^m027 d'épaisseur :

406	En chêne,	les 100 trous	13 »
407	En sapin,	—	9 »

	En bois, de 0 m 034 d'épaisseur :		
408	En chêne,	les 100 trous	15 »
409	En sapin,	—	10 »

Rosettes de porte-manteaux mises en place

410	Ordinaires, fixées sur barres sapin, 0 m 07 à 0 027, chaque rosette		» 30
411	Soignées, assemblées et collées dans des barres de sapin de 0 m 07 à 0 034 avec chanfrein sur rive, chaque rosette		» 50
412	Semblables, mais en chêne, la pièce		1 »

MOULURES RAPPORTÉES

Fournies et posées au mètre linéaire, compris ajustement d'onglets et fausses coupes.

Moulures en sapin de 0m016 d'épaisseur

413	Jusqu'à 0m03 de largeur,	le mètre linéaire	» 40
414	— 0 04 —	— —	» 45
415	— 0 05 —	— —	» 50
416	— 0 06 —	— —	» 55
417	— 0 07 —	— —	» 60
418	— 0 08 —	— —	» 65
419	— 0 09 —	— —	» 70
420	— 0 10 —	— —	» 75

Moulures en sapin de 0m020 d'épaisseur

421	Jusqu'à 0m03 de largeur,	le mètre linéaire	» 45
422	— 0 04 —	— —	» 50
423	— 0 05 —	— —	» 55
424	— 0 06 —	— —	» 60
425	— 0 07 —	— —	» 65
426	— 0 08 —	— —	» 70
427	— 0 09 —	— —	» 75
428	— 0 10 —	— —	» 80

Moulures en sapin de 0m027 d'épaisseur

429	Jusqu'à 0m03 de largeur,	le mètre linéaire	» 50
430	— 0 04 —	— —	» 55
431	— 0 05 —	— —	» 60
432	— 0 06 —	— —	» 75
433	— 0 07 —	— —	» 80
434	— 0 08 —	— —	» 85
435	— 0 09 —	— —	» 90
436	— 0 10 —	— —	1 »

Moulures en sapin de 0m034 d'épaisseur

437	Jusqu'à 0m03 de largeur,	le mètre linéaire	» 55
438	— 0 04 —	— —	» 60
439	— 0 05 —	— —	» 75
440	— 0 06 —	— —	» 80
441	— 0 07 —	— —	» 90
442	— 0 08 —	— —	1 »
443	— 0 09 —	— —	1 10
444	— 0 10 —	— —	1 25

Moulures en sapin de 0m040 d'épaisseur

445	Jusqu'à 0m03 de largeur,	le mètre linéaire	» 60
446	— 0 04 —	— —	» 65
447	— 0 05 —	— —	» 80
448	— 0 06 —	— —	» 85
449	— 0 07 —	— —	» 95
450	— 0 08 —	— —	1 10
451	— 0 09 —	— —	1 20
452	— 0 10 —	— —	1 30

Les Tampons scellés au plâtre, nécessaires à la pose des moulures fixées sur murs ou sur enduits, seront payés en sus à la pièce.

Moulures en sapin de 0^m054 d'épaisseur

453	Jusqu'à 0^m03 de largeur,	le mètre linéaire		» 65
454	0 04 —	— —		» 75
455	0 05 —	— —		» 85
456	0 06 —	— —		1 »
457	0 07 —	— —		1 15
458	0 08 —	— —		1 25
459	0 09 —	— —		1 40
460	0 10 —	— —		1 50

Moulures en chêne

461	Moitié en plus des prix ci-dessus,	obser.

Plus value sur les moulures

462	Lorsqu'il y aura plus de deux onglets au mètre linéaire par chaque onglet en plus, la pièce	» 10

Tampons

463	Chaque tampon entaillé et scellé au plâtre,	» 20

ESCALIERS

Escaliers dits échelles de meunier

Limon de 0 034 d'épaisseur jusqu'à 0 22 de largeur, marches de 0 027 d'épaisseur, sans contre-marches, en sapin ou en orme,

464	De 0 50 d'emmarchement, chaque marche	2 50
465	— en chêne de choix, — —	3 50

Plus value

Chaque 0^m10 en plus de largeur d'emmarchement,

466	En sapin ou orme, la marche	» 25
467	En chêne — —	» 50

Chaque fraction de 0^m007 d'épaisseur, en plus aux marches ou ou au limon,

468	En sapin, la marche	» 25
469	En chêne —	» 50

Escalier à poteaux

Crémaillère de 0 034 d'épaisseur, poteau de 0 07 à 0 07, marches de 0 027, fronteau de 0 020 avec plinthe et parties de rampe à barreaux carrés en sapin ou en orme,

470	Emmarchement jusqu'à 0 70, la marche	4 »

Plus value

471	Chaque 0^m10 de largeur en plus,	» 50
472	Chaque 0 007 d'épaisseur en plus, proportionnellement,	» 50

ESCALIERS A NOYAU

Escaliers en orme à noyau

Limon de 0^m054 d'épaisseur, crémaillère de 0 034 d'épaisseur, marches de 0 03, fronteau de 0 020 avec plinthe rapportée au-dessus des marches et rampe en bois à barreaux tournés, emmarchement de 0 70 la marche.

473		7 »
474	Chaque 0 10 de largeur en plus,	» 50

Moins value

475	Quand la rampe sera en barreaux de fer ajustés sur le limon, à la marche	» 50

Escaliers à crémaillières tout en orme

Marches profilées de face et en bout, limon avec baguettes en rives, plinthe stylobate rapportée au-dessus des marches, limon de 0 054, marche de 0 034, fronteau de 0 027, crémaillères de 0 04.

476	1° Escalier droit de 0 70 d'emmarchement,	la marche	8	»
477	Chaque 0 10 d'emmarchement en plus,	—	»	50
	2° Escalier à quartier tournant de 0 70 d'emmarchement,			
478		la marche	9	»
479	Chaque 0 10 d'emmarchement en plus,	—	»	50
	3° Escalier à noyau circulaire avec parties droites, de 0 70			
480	d'emmarchement,	la marche	10	»
481	Chaque 0 10 d'emmarchement en plus	—	»	50
482	4° Escalier circulaire de 0 70 d'emmarchement,	la marche	14	»
483	Chaque 0 10 d'emmarchement en plus	—	»	50

Escaliers en chêne de choix

484	Plus-value sur les prix ci-dessus,	1/5°

MAINS COURANTES

au mètre linéaire.

Profil olive de 0 055 à 0 034.

485	Parties droites en noyer ou autre,	le mètre linéaire	5	»
486	en acajou,	— —	6	»

Profil à gorge de 0 06 à 0 04.

487	Parties droites en noyer ou autre,	— —	5	50
488	en acajou,	— —	6	50
489	Parties courbes, plus-value sur les prix ci-dessus,		1/4	
490	**Taquets**	la pièce	»	15

TIROIRS

Tête de 0 027 d'épaisseur côtés de 0 013 assemblés à queues fond embrévé de 0 013 à 0 020 d'épaisseur.

Hauteur 0 08 à 0 10,

491	De 0ᵐ32 à l'équerre,	en sapin, la pièce	1	75
492		en chêne fond sapin, —	2	»
493		en chêne, —	2	50
494	De 0 65 —	sapin, —	3	50
495		fond sapin, —	4	»
496		chêne, —	4	50
497	De 0 80 —	en sapin, —	5	»
498		fond sapin, —	5	50
499		chêne, —	6	50
	Tablettes d'encoignures de 0 15 à 0 20 de rayon, compris tas-			
500	seaux	en sapin, la pièce	»	75
501		en chêne, —	1	»

Tous les travaux seront mesurés géométriquement en œuvre.

Tous les bois assemblés seront mesurés des extrémités des onglets ou tenons sans aucune autre plus-value que celle indiquée pour le nombre d'onglets au mètre linéaire.

Les parties biaises seront mesurées par planches, en mesurant chacune d'elles à sa plus grande longueur.

Les tablettes de croisées ou autres seront mesurées y compris les oreilles entaillées.

502	Tous les travaux de Menuiserie indiqués à la série, exécutés en circulaires, compris tous les assemblages de surfaces cintrées, en plan, ou seulement en élévation, seront comptés au double des mêmes articles en plan droit.	obser.
	Ceux à double courbure seront comptés à quatre fois la valeur des mêmes articles en plan droit.	
503	Tous les bois de chêne de plus de 3 50 de longueur donneront lieu à une plus-value de 1/20° du prix par chaque 0 30 de longueur en plus.	obser.

Les Patins, jambettes et panneaux de remplissage, les faux limons ou fausses crémaillères au droit des ouvertures, seuls seront payés à part aux prix de la série.

Les mains courantes se mesurent sur la plus grande longueur, les volutes seules comptées à part.

8ᵉ SECTION

PLOMBERIE

PRIX DE RÈGLEMENT

JOURNÉES ET FOURNITURES

Journée

La journée est de 10 heures. Tous les travaux seront payés à l'heure et au 1/10ᵉ des prix ci-contre.

1	D'ouvrier plombier pour travaux ordinaires,		5	»
2	D'ouvrier aide,		3	50

Bondes d'évier pour fourniture simple

3	De 0ᵐ025 de diamètre	la pièce	1	25
4	De 0 035 —	—	1	50
5	De 0 04 —	—	1	75
6	De 0 05 —	—	2	»
7	De 0 06 —	—	2	25

Bondes

8	Pour pots en faïence de lieux à l'anglaise,	en place	5	»

Bondes

9	De pots, diamètre ordinaire, en place,	la pièce	3	»

Bornes-fontaines et accessoires

10	Borne fontaine en fonte modèle ordinaire,	en place	15	»
11	Robinet à soupape et à rosace,	la pièce	12	»
12	Robinet d'arrêt,	en place	8	»
13	Souillard en fonte de diverses formes,	la pièce	10	»
14	Souillard creux, trou au milieu,	—	12	50

BOULONS

Boulons pour jointures

Tous ces articles accessoires, variant de prix à l'infini suivant la plus ou moins bonne fabrication, ne sont portés à la série que comme renseignements et seront réglés suivant la valeur des objets fournis.

15	De 0ᵐ05 de longueur,	la pièce	»	25
16	Chaque centimètre en plus jusqu'à 0 12	—	»	10
17	Au dessus de 0ᵐ12, les boulons seront payés	au kilogramme	1	30
18	En cuivre de 0 06 à 0 11,	la pièce	»	50

BOYAUX DIVERS

En cuir, cloués

19	De 0ᵐ045 de diamètre,	le mètre linéaire	9	»
20	De 0 035 —	— —	7	50

En cuir, cousus

21	De 0^{m}045 de diamètre,	le mètre linéaire	8	»
22	De 0 035 —	— —	6	50

En toile

23	De 0^{m}020 de diamètre,	le mètre linéaire	»	95
24	0 027 —	— —	1	05
25	0 035 —	— —	1	25
26	0 045 —	— —	1	40
27	0 051 —	— —	1	55
28	0 058 —	— —	1	80
29	0 065 —	— —	2	05

Brides en fer avec 3 clous pcur tuyaux sans cuir ni boulons

30	De 0^{m}045 pour tuyaux de 0^{m}025	la pièce	»	50
31	0 05 — 0 03	—	»	60
32	0 06 — 0 04	—	»	70
33	0 065 — 0 05	—	»	75
34	0 07 — 0 06	—	»	80
35	0 09 — 0 07	—	1	»
36	0 10 — 0 08	—	1	25
37	0 13 — 0 11	—	1	50
38	0 16 — 0 13	—	1	75
39	0 19 — 0 15	—	2	»
40	0 21 — 0 19	—	2	25
41	Au poids,	le kilogramme	1	50

Pose de brides (la paire) compris serrage de boulons

42	Pour tuyaux de 0^{m}03	la pièce	»	30
43	— 0 035 à 0^{m}06	—	»	40
44	— 0 065 à 0 08	—	»	50
45	— 0 09 à 0 16	—	»	60
46	— 0 17 à 0 21	—	»	75

Canelles

47	A rosace pour fontaines,	grand modèle	3	»
48		moyen modèle	2	75

Caniveaux en fonte, fourniture simple

49	Avec ou sans plaque, rendus à pied-d'œuvre, le kilog.	»	50

Charbon de bois

50	Le kilogramme,	»	20
51	Le décalitre,	»	75

Collet

52	Au mastic pour pierre d'évier, garde-robe ou autre, la pièce	»	50

Collets battus (la pièce)

53	Pour tuyaux de 0^{m}01 à 0 025	»	15
54	— 0 03 04	»	25
55	— 0 041 05	»	35

Cuirs gras (la pièce)

56	Pour brides de 0^{m}045 de diamètre intérieur.		»	30
57	— 0 05 —		»	35
58	— 0 06 —		»	40
59	— 0 065 —		»	45
60	— 0 07 —		»	50
61	— 0 09 —		»	55
62	— 0 10 —		»	60
63	— 0 13 —		»	75
64	— 0 16 —		1	»
65	— 0 18 —		1	25
66	— 0 21 —		1	50

Cuivre

67	Rouge en planches,	le kilogramme	4	50
68	En tuyaux de toute dimension,	—	5	»
69	Repris en compte, rouge,	—	1	75
70	— jaune,	—	1	50

Ces prix ne sont ici que comme renseignements variables suivant cours.

Cuvettes de buise

71	En fonte, compris grille et couvercle en 2 pièces du poids de 15 kilos,	la pièce	8	50
72	Pose à la chaux de St-Quentin et briques tout compris.		3	50

Cuvettes pour eaux ménagères

73	Grand modèle en place.	la pièce	27	»
74	Moyen —	—	23	»
75	Petit modèle —	—	19	»
76	Modèle très-faible,	—	15	»

Variable suivant fabricant.

Etain

77	Prix moyen,	le kilogramme	4	50

Suivant cours.

Gardes-robes des meilleurs systèmes fourniture simple

	A tirage avec effet d'eau, modèle moyen bonne force,			
78	Avec cuvette porcelaine,		46	»
79	— faïence,		43	»
	Petit modèle,			
80	Cuvette porcelaine,		36	»
81	— faïence,		33	»
	A tirage simple sans effet d'eau, modèle moyen,			
82	Cuvette porcelaine,		34	»
83	— faïence,		31	»
	Petit modèle,			
84	Cuvette porcelaine,		21	»
85	— faïence,		18	»

Ces prix ne sont portés à la série que comme renseignements.

Ces objets seront livrés à prix débattu suivant le modèle choisi.

Pose

86	Des appareils ci-dessus compris fournitures diverses,	la pièce	4	»

Cuvettes simples (fourniture)

87	Avec rebord uni	la pièce	3	50
	Imitant les cuvettes de garde-robes,			
88	En porcelaine,		9	»
89	En faïence,		7	»

Pose

90	Des cuvettes ci-dessus, compris fournitures diverses,	la pièce	1	50

Plomb neuf laminé ou coulé

91	En feuilles ou en tuyaux pesant au moins 5ᵏ000 au mètre linéaire,	le kilogramme	»	80
92	En tuyaux, pesant plus de 3ᵏ400 au mètre linéaire, le kilogr.		»	85
93	En tuyaux pesant moins de 3ᵏ400 au mètre linéaire, le kilogr.		»	90

Reprise de vieux plomb

94	Le kilogramne.		»	40

Suivant cours.

Mastic

95	De fontainier fourniture simple,	le kilogramme	1	»

Pose de tuyaux en plomb

En tranchée, en galerie ou en élévation.

96	De 0ᵐ02 de diamètre intérieur,	le mètre linéaire	» 25	
97	De 0 025 à 0ᵐ04 —	— —	» 45	
98	De 0 045 à 0 07 —	— —	» 80	

Soudure

Composée de 1/2 plomb et de 1/2 d'étain, fourniture simple,

99		le kilogramme	3 50
100	Fourniture et façon d'emploi,	—	4 50
101	Composée de 2/3 plomb et de 1/3 d'étain,	—	2 50

SOUDURE SUR PLOMB

au mètre linéaire.

Joints soudés

Ordinaires de 0ᵐ03 de largeur et 0ᵐ003 d'épaisseur moyenne,

102		le mètre linéaire	2 50
103	De 0ᵐ04 sur 0ᵐ003	— —	3 25
104	De 0 05 0 003	— —	4 »
105	De 0 05 0 004	— —	4 25
106	De 0 05 0 004	— —	5 25
107	De 0 05 0 003	— —	6 50

Nœuds de soudure pour tuyaux de conduite en plomb

Diamètre intérieur des tuyaux,

108	0ᵐ01	la pièce	1 50
109	0 015	—	2 »
110	0 02	—	2 50
111	0 025 ou 0 027	—	3 »
112	0 03	—	3 25
113	0 035	—	3 50
114	0 04	—	3 75
115	0 045	—	4 »
116	0 05	—	4 50
117	0 055	—	5 »
118	0 06	—	5 50
119	0 065	—	6 »
120	0 07	—	7 »

Plus value

121	Les nœuds de soudure à empâtement et pour robinets, seront payés un dixième en sus des prix ci-dessus, ci		1/10ᵉ
122	Pour soudure sur vieux plomb,	le mètre linéaire	» 75

Prise d'eau

Sur les tuyaux de la ville, compris terrassement, dépavage et pavage, bouche à clef et clef comprise.

123	Complète,	la pièce	40 »

ROBINETS COQUART

fabricant à Amiens (employés généralement)

Robinets ordinaires à tête

Pour tonnes ou autres (fourniture simple).

En cuivre pesant moins de 3ᵏ000

124	De 0ᵐ01 de diamètre intérieur,	la pièce	2 50
125	0 013	—	3 25
126	0 015	—	3 75

La valeur des Crochets n'est pas comprise dans la pose des tuyaux.

La pose des robinets et les nœuds de soudure ne sont pas comptés dans les prix ci-contre.

127	De 0 020	la pièce	5 50
128	0 023	—	6 »
129	0 025	—	7 50
130	0 030	—	10 50
131	0 035	—	13 »

En cuivre de plus de 3ᵏ000

132	Au kilogramme,		4 50

Robinets ordinaires à 2 eaux

133	Mêmes prix que ci-dessus,		obser.

Robinets de concession d'eau à soupape

134	Diamètre intérieur, 0ᵐ010	la pièce	4 75
135	— 0 015	—	5 75
136	— 0 020	—	7 »
137	— 0 025	—	11 25

Robinets à soupape à tête rapportée pour raccordement

138	Diamètre intérieur 0ᵐ015	la pièce	7 25
139	— 0 020	—	8 50
140	— 0 025	—	13 25

Robinets d'arrêt à 2 eaux (tête carrée)

141	Diamètre intérieur 0ᵐ015	la pièce	4 »
142	— 0 020	—	5 50
143	— 0 030	—	11 »
144	Au-dessus de 0 030	le kilogramme	4 25

Robinets à col de cygne avec raccords

145	Et rosaces diamètre intérieur 0ᵐ010	la pièce	5 »
146	— — 0 015	—	7 50
147	— — 0 020	—	9 50

Robinets semblables mais à soupape

148	Diamètre 0ᵐ020	la pièce	11 50
149	— 0 025	—	17 »

Rondelles en cuivre pour robinets

150	De 0ᵐ027 de diamètre intérieur,	la pièce	» 35
151	0 034 — —	—	» 50
152	0 041 — —	—	» 75
153	Au-dessus de 0ᵐ041 les rondelles seront payées au kilogramme		4 »

Rondelles en plomb

154	Pour tuyaux ou autres,	le kilogramme	1 25

Pose de robinet

155	(Sans soudure),	prix moyen	» 50

Robinets système Petit évitant les coups de bélier

156	De 0ᵐ015 de diamètre,	la pièce	10 »
157	0 020 —	—	12 »
	Pose et nœuds de soudure comme ci-dessus		obser.

TERRASSES ET CHENEAUX EN PLOMB

Compris soudure des joints,

158	En feuilles pesant moins de 17ᵏ000, au mètre carré, le kilogr.		1 15
159	En feuilles pesant 17ᵏ000 et plus de 17 000, au mètre carré, le kilogramme		1 05

	Plomb posé à dilatation libre (avec agrafures et tasseaux) dressé sur forme d'argile, pour garnissages de balcons plate-formes ou autres.	
160	En feuilles pesant moins de 17ᵏ000, au mètre carré, le kilog.	1 10
161	En feuilles pesant 17ᵏ000 et plus de 17ᵏ000 — —	1 »
162	Plus value pour sujétion d'ajustement et de soudure aux saillies de Lucarnes ou de pilastres quelconques, joints développés au mètre linéaire et comptés en plus value sur les prix ci-dessus, au mètre linéaire	3 »
	Plomb employé sans soudure ni agrafures, compris pose et clous pour linons Vanneaux, Bavettes, etc.	
163	En feuilles pesant moins de 13ᵏ000, au mètre carré, le kilogr.	1 »
164	En feuilles pesant 13ᵏ000 ou plus, — —	» 95

Tuyaux en fonte

165	Fourniture simple, le kilogramme	» 40
166	— et pose, —	» 50
	Tuyaux en fonte pour canalisation avec joints en plomb.	
167	Diamètre intérieur, 0ᵐ027 le mètre linéaire	3 75
168	— — 0 040 — —	5 50
	Terrassement et pavage, rondelles et boulons en sus.	
	Tuyaux en fonte système Lavril avec joints en caoutchouc à boulons.	
169	Diamètre 0ᵐ040 le mètre linéaire	4 75
	Les bouts à brides et les coudes sont comptés pour un mètre.	

9ᵉ SECTION

ZINGUERIE

JOURNÉE

1	D'ouvrier pour travaux ordinaires,	5 »
2	D'ouvrier aide —	3 50
3	D'aide apprenti —	2 50

La journée est de 10 heures de travail.

Tous les travaux seront exécutés à l'heure au 1/10ᵉ des prix ci-contre.

FOURNITURES DIVERSES MISES EN PLACE

Bandes de zinc

4	Pour rives de portes, sous tenture, de 0ᵐ02 à 0 04 de largeur, clouées et parfaitement ajustées, le mètre linéaire	» 25

Baguettes en fer rond (fourniture demandée)

	Pour boudins sur rives ou autres.			
5	Diamètre 0^m01	le mètre linéaire	» 70
6	— 0 012	— —	» 90
7	— 0 014	— —	1 »
8	— 0 016	— —	1 20
9	Au-dessus de 0^m016, payer au kilogramme,		» 80

CHASSIS A TABATIÈRE

Châssis en zinc avec bâtis en fer

	Modèle ordinaire de 0^m50 sur 0^m70.		
10	En zinc n° 12	la pièce	14 »
11	— n° 13	—	15 »
12	— n° 14	—	16 »
13	— n° 16	—	19 »
	Modèle moyen de 0^m40 sur 0^m60.		
14	En zinc n° 12	—	11 »
15	— n° 13	—	12 »
16	— n° 14	—	13 »
17	— n° 16	—	15 »
	Petit modèle de 0^m46 sur 0 30.		
18	En zinc n° 12	la pièce	7 50
19	— n° 14	—	8 50
20	Au poids, pour chassis plus grands,	le kilogramme	2 »

Châssis en fonte

21	De 0^m45 sur 0 30 sans noue en zinc,	la pièce	5 50
22	Le même avec noue en zinc,	—	7 »
23	De 0 55 sur 0 40 sans noue en zinc,	—	7 50
24	Le même avec noue,	—	9 »
25	Châssis tout en fonte nouveau modèle de 0^m60 sur 0^m70, la pièce		13 50

ZINC

Zinc, fourniture simple

26	Le kilogramme de zinc de tous numéros pour travaux en réparation,		1 25
27	Par feuilles entières,	le kilogramme	1 »

Cours pris pour base 85 00.

SOUDURE

Soudure

28	Composée de 1/2 plomb 1/2 étain, le kilogramme	3 50

Joints soudés

	Le mètre linéaire de soudure, bout à bout.	
29	Sur zinc neuf,	» 75
30	— vieux.	1 »
	Le mètre linéaire de soudure avec bande.	
31	Sur zinc neuf,	1 50
32	— vieux.	1 75

OUVRAGES AU MÈTRE CARRÉ

de surface développée.

Chéneaux, plates-formes et couvertures à joints soudés

33	En zinc n° 10	le mètre carré	5 25
34	— 12	— —	6 25
35	— 13	— —	7 »
36	— 14	— —	7 50
37	— 16	— —	9 »

Couvertures et travaux à dilatation libre

38	En zinc n° 10	le mètre carré	5 »
39	— 12	— —	6 »
40	— 13	— —	6 75
41	— 14	— —	7 25
42	— 16	— —	9 »

Plus value

43	Pour façon des assemblages aux saillies de lucarnes pilastres ou autres compris façon des coupes et soudure, joints développés et comptés en plus value, au mètre linéaire		1 »
44	Plus value pour coupe biaise d'arêtier ou autre, — —		» 25
45	Le kilogramme de vieux zinc employé aux travaux ci-dessus pour façon et fourniture de soudure		» 50
46	Recouvrements d'appuis de fenêtres, dessus et côtés de lucarnes, frontons ou autres, à dilatation libre et parties soudées, en n° 12 le mètre carré		8 »
47	14 — —		9 »
48	16 — —		10 »
49	Plus value d'ajustement contre les consoles ou autres saillies au mètre linéaire de joints développés.		1 »

BAVETTES, TABLIERS, VANNEAUX

En zinc employé sans soudures ni agrafures pour coupe et pose seulement.

50	En n° 10	le mètre carré	4 50
51	— 11	— —	5 »
52	— 12	— —	6 »
53	— 14	— —	7 »
54	— 16	— —	8 »

Pattes d'attaches en zinc

55	De 0ᵐ03 sur 0 15 compris soudure,	la pièce	» 05
56	0 04 sur 0 25 —	—	» 10

Pattes en fer

57	Pour bavettes ou autres,	la pièce	» 10

Pattes en plomb et calotins

58	Chaque patte en plomb ou calotin recouvrant les clous de faitage ou d'arêtiers, compris soudure d'attache, la pièce		» 05

Linons à la pièce

59	Linon droit en n° 10 remis au couvreur,	la pièce	» 15
60	— n° 12 —	—	» 20
	Linon biais pour arêtier compris ourlet et biseau		
61	En n° 10	la pièce	» 25
62	n° 12	—	» 30

Tous les joints soudés devront toujours être faits dans le sens de la largeur des feuilles afin de faciliter la dilatation du zinc.

GOUTTIÈRES EN ZINC

Gouttières avec ourlet pour bordure (crochets non compris)

En zinc n° 12.

63	Diamètre 0^m08 développant 0^m16	le mètre linéaire	1 50
64	— 0 10 — 0 20	— —	1 75
65	— 0 14 — 0 25	— —	2 25
66	— 0 16 — 0 27	— —	2 50
67	— 0 19 — 0 325	— —	2 75
68	— 0 22 — 0 40	— —	3 25

En zinc n° 14,

69	Diamètre 0^m08	le mètre linéaire	1 75
70	— 0 10	— —	2 »
71	— 0 14	— —	2 50
72	— 0 16	— —	2 75
73	— 0 19	— —	3 »
74	— 0 22	— —	3 75

En zinc n° 16.

75	Diamètre 0^m08	le mètre linéaire	2 »
76	— 0 10	— —	2 50
77	— 0 14	— —	3 »
78	— 0 16	— —	3 50
79	— 0 19	— —	4 »
80	— 0 22	— —	4 50

Plus value

81	Pour ourlet sur la 2e rive,	au mètre linéaire	» 25

CROCHETS DE GOUTTIÈRES EN FER

posés à vis ou à scellements et peints à une couche de minium.

Crochets pour gouttières

82	Fer de 0^m030 sur 0 004 diamètre 0 08	la pièce	» 50
83	— — — 0 10	—	» 60
84	— — — 0 14	—	» 75
85	Fer de 0 035 sur 0 005 — 0 16	—	» 75
86	— — — 0 19	—	» 90
87	— — — 0 22	—	1 »

TUYAUX DE DESCENTE

Tuyaux en zinc façon et pose (sans collier)

En zinc n° 10.

88	Diamètre 0^m06 développant 0 20	le mètre linéaire	1 50
89	— 0 08 — 0 25	— —	1 75
90	— 0 10 — 0 33	— —	2 »
91	— 0 13 — 0 40	— —	2 25

En zinc n° 12.

92	Diamètre 0 06	— —	1 75
93	— 0 08	— —	2 »
94	— 0 10	— —	2 50
95	— 0 13	— —	2 75

En zinc n° 14.

96	Jusqu'à 0^m04 de diamètre,	— —	1 75
97	de 0 06	— —	2 »
98	de 0 08	— —	2 50
99	de 0 10	— —	3 »
100	de 0 13	— —	3 50

	En zinc n° 16.			
101	Jusqu'à 0 04	le mètre linéaire	2	»
102	de 0 06	— —	2	50
103	de 0 08	— —	3	»
104	de 0 10	— —	3	50
105	de 0 13	— —	4	»

Plus value

106	Pour tuyaux à agrafures,	au mètre linéaire	»	50

Coudes ronds 1/4 de circonférence. mis en place

107	Pour tuyaux de 0ᵐ06 de diamètre,	la pièce	1	»
108	— 0 08 —.	—	1	25
109	— 0 10 —	—	1	50

Cuvettes en n° 14 pour chêneaux.

110	Façon simple,	la pièce	5	»
111	Façon octogonale à gorge.	—	8	»

Colliers pour tuyaux

112	Brides en fer à cercle à double scellement,	la pièce	»	50
	Colliers en fer forgé, avec deux écrous et boulons, pour			
113	tuyaux de 0ᵐ08	la pièce	2	»
114	— 0 10	—	2	25
115	— 0 13	—	2	75

Crochets à pointe ou colliers ouverts

116	Pour tuyaux de 0ᵐ04 à 0 06	la pièce	»	20
117	— 0 07 à 0 09	—	»	35
118	— 0 10 à 0 15	—	»	50

Bec d'égoût

119	Chaque bec d'égout façonné dans le zinc,		»	25

Nez de chat

En zinc pour couverture, avec grillage en place.

120	Dimension ordinaire de 0ᵐ25 à 0 30, le kilogramme		2	»

Tasseaux en sapin rouge

121	Modèle prismatique de 12 au madrier,	le mètre linéaire	»	30
122	— de 8 au madrier,	— —	»	40

Tuyaux en fonte

	Pour dauphins, parties droites, coudes, etc., fourniture simple,			
123		le kilogramme	»	40
124	D° mis en place,	—	»	50
125	Cannelés, canniveaux ou autres, plus value	au kilogramme	»	10

Reprise de vieux zinc

126	Le kilogramme de vieux zinc repris en compte,		»	30

Mode de mesurage de la zinguerie.

Tous les travaux, quels qu'ils soient, seront mesurés géométriquement et suivant le zinc employé en développant tous les joints et recouvrements nécessaires.

10ᵉ SECTION

COUVERTURE

PRIX DE RÈGLEMENT

<table>
<tr><td></td><td></td><td></td><td></td><td></td></tr>
</table>

	JOURNÉES			
	Journée			La journée est de 10 heures de travail effectif
1	D'ouvrier couvreur en été et en hiver,		4 50	Tous les travaux seront payés à l'heure au 1/10ᵉ des prix ci-contre.
2	D'aide, fort manœuvre,		3 »	
	FOURNITURES SIMPLES			
	Ardoises des Ardennes			
3	De Fumay, modèle dit Ste-Anne,	le mille	45 »	Les différentes sortes d'ardoises, quoique de prix différents, sont de même valeur au mètre carré vu le nombre d'ardoises employé, variant suivant l'échantillon choisi. Le modèle ordinaire employé est celui dit St-Louis.
4	— — dit St-Louis,	—	41 »	
5	— — dit flamandes,	—	35 »	
	Ardoises d'Angers			
6	1ᵉʳ carré grand modèle,	le mille	57 »	
7	1° — 1/2 fortes,	—	50 »	
8	2° — —	—	46 »	
	Ardoises Stᵉ-Anne et clous			
9	Chaque ardoise posée en recherche à la journée, compris clous,		» 05	
	Tuiles			
10	De Vignacourt, 1ʳᵉ qualité,	le mille	23 »	
11	— 2ᵉ —	—	20 »	
12	Vieilles en raccord,	la pièce	» 025	
	Faîtières pour tuiles, arêtiers et noues			
13	De 0ᵐ29 de longueur,	la pièce	» 45	
14	0 24 —	—	» 30	
	Pannes			
15	De Montières,	le mille	50 »	
16	De Rumigny,	—	60 »	
17	D'Acheux,	—	90 »	
	Faîtières, arêtiers et noues			
18	Pour les pannes ci-dessus, faîtières,	la pièce	» 35	
19	— — arêtiers et noues,	—	» 40	
20	Les faîtières grand modèle seront payées,		» 60	

Clous

21	à feuillets,	le kilogramme	1	0
22	à lattes,	—	1	10
23	à ardoises,	—	1	50

Chanlattes

24	En chêne de 0ᵐ10 de largeur, compris clous, le mètre linéaire		»	75

Chéneaux

25	En cœur de chêne en place,	le mètre linéaire	3	»

Lattes et clous

26	d'aubier de chêne,	la botte de 50 lattes	1	25
27	de chêne dite petit cœur	—	1	50
28	de chêne dite 1/2 tierce à couvrir,	—	2	25
29	de chêne dite tierce,	—	2	50

Lattrets pour pannes

	En sapin rouge,			
30	De 12 au madrier,	le mètre linéaire	»	20
31	De 16 —	— —	»	15
32	En caroline de 16 au madrier,	— —	»	12

Mortier

	De chaux, sable de carrière et bourre pour filets ou autres,	le mètre cube	25	»
33				
34	la baquetée,		»	85
35	la brouettée,		2	50
36	Semblable au précédent mais sans bourre	le mètre cube	19	»
37		la baquetée	«	65
38		la brouettée	1	90

Voliges

39	En sapin rouge 3/4 de 0ᵐ11 sur 0ᵐ020,	le mètre linéaire	»	25
40	— dite en 5 de 0 11 sur 0 016,	— —	»	20

Moins value

41	Pour volige en sapin blanc,	au mètre linéaire	»	01
42	— en caroline,	— —	»	03

Travaux neufs au mètre carré.

COUVERTURES EN ARDOISES

Ardoises de Fumay dites Stᵉ-Anne

Posées en moyenne à 0ᵐ095 de pureau sur voliges espacées de 0ᵐ05.

43	Sur voliges de 0ᵐ020 d'épaisseur,	le mètre carré	5	»
44	— 0 016 —	— —	4	75
45	Sur voliges vieilles non reclouées,		3	25

Le pureau doit, dans l'intérêt du travail, varier entre 0ᵐ09 et 0ᵐ10 suivant l'inclinaison des toits à couvrir.

Moins value

Sur les prix ci-dessus :

46	Pour volige en sapin blanc,	au mètre carré	»	10
47	— en caroline,	— —	»	20

Plus value

48	Pour tranchis droits,	au mètre linéaire	»	30
49	— biais,	— —	»	50

La pose des passe bilaudes et des limons remplace la fourniture et pose des ardoises manquant à ces endroits.

Observation

Les tranchis de vanneaux ou autres ne seront pas comptés quand le métré sera le même pour l'ardoise que pour le voligeage, c'est-à-dire compté jusqu'aux angles du zinc.

Ardoises d'Angers

50	Le mètre carré de couverture en ardoises d'Angers sur voliges en sapin rouge de 0^m020 d'épaisseur,	5 25
51	Sur voliges de 0^m016	5 »
52	Sur vieilles voliges non reclouées,	3 50

Moins value et observation

Semblables à celles des couvertures en ardoises de Fumay.

Ardoises vieilles

	Sur voliges neuves en sapin rouge,		
53	— de 0^m020 d'épaisseur,	le mètre carré	2 75
54	— de 0^m016	— —	2 50

Façon simple et clous

55	Sur voliges vieilles, reclouées,	le mètre carré	1 25

Démontage

56	De couverture en ardoises,	le mètre carré	» 10
57	Plus-value par mille d'ardoises conservées et rangées,		1 »
58	De voligeage,	le mètre carré	» 10
59	Plus-value au mètre carré de voliges vieilles réemployées, compris enlèvement des clous.		» 05

COUVERTURES EN TUILES

Travaux neufs

	Le mètre carré de couverture en tuiles posées au mortier de chaux et sable sur lattes.		
60	1/2 tierces,	le mètre carré	3 20
61	D° sur lattes tierce,	— —	3 25

Plus value de montage

62	Pour chaque étage en plus que rez-de-chaussée et 1er étage, au mètre carré		» 10

Tuiles vieilles sur lattes neuves

	Le mètre carré de couverture comme ci-dessus, mais en tuiles non fournies, sur lattes 1/2 tierces,	
63		1 50
64	— tierces,	1 55

Remaniage à bout

	Avec démontage des tuiles, rangement sur la toiture, remplacement des vieilles lattes et couverture comme ci-dessus,		
65	Sur lattes 1/2 tierces,	le mètre carré	1 65
66	Sur lattes tierces,	— —	1 70

Lattes vieilles

67	Le mètre carré de vieilles lattes reposées, compris clous,	» 20

Tuiles neuves sur vieux lattis

	Le mètre carré de couverture en tuiles neuves, au mortier d°	
68	sur vieux lattis,	2 75

Vanneaux faitières et arêtiers

| 69 | Pour pose au mortier (non fournies), | la pièce | » 15 |

Solins

| 70 | de garnissage contre les pignons, au mortier, | le mètre linéaire | » 25 |

COUVERTURE EN PANNES

Travaux neufs

71	Le mètre carré de couverture en pannes de Montières, posées sur lattrets, de 12 au madrier,	2 50
72	D° 16 —	2 25
73	D° — sur lattrets de caroline, —	2 »

Plus value

| 74 | Pour emploi de pannes de Rumigny sur les |prix ci-dessus, au mètre carré | » 25 |

Pannes d'Acheux

| 75 | Le mètre carré de couverture en pannes d'Acheux posées sur lattrets en sapin de 12 au madrier, | 3 25 |

Pose au mortier

| 76 | Le mètre carré de pose au mortier des couvertures ci-dessus, | » 50 |

Faîtières et Vanneaux

| 77 | Pour pose au mortier (non fournies), | la pièce | » 15 |

Reprises de vieilles toitures

78	En tuiles, compris démontage et nettoyage à la charge du preneur,	le mètre carré	» 50
79	En pannes en bon état compris lattrets, démontage, etc,, — —	le mètre carré	» 45
80	Reprise de pannes en bon état,	au mille	25 »

Mode de Mesurage des Travaux de Couverture

Tous les travaux doivent être mesurés géométriquement et en œuvre, toutes les parties triangulaires comptées pour leur surface réelle avec les plus values de tranchis droits ou biais indiquées à la série.

Les vides de tuyaux ou lucarnes déduits sans plus value.

Dans les fonds de vanneaux et sous les tabliers de chassis, où le zinc recouvre une partie des voliges fournies et posées par le couvreur, les tranchis ne seront pas comptés, mais les longueurs seront les mêmes pour la surface d'ardoises que pour celles des voliges.

11ᵉ SECTION

PLAFONNAGE

PRIX DE RÈGLEMENT

	JOURNÉES			
	Journée de 10 heures			
1	D'ouvrier cornicheur,		5	»
2	— plafonneur,		4	»
3	D'aide fort de plus de 18 ans,		3	»
4	— de moins de 18 ans,		2	50
	FOURNITURES SIMPLES			
	Argile			
5	Le mètre cube d'argile pure,		4	»
	Sable blanc de carrière			
6	Le mètre cube de sable de carrière, à pied d'œuvre,		10	»
	Plâtre			
7	Par sacs de 28 kilos rendus à pied d'œuvre,	le sac	1	»
8		le kilogramme	»	03
9	Pour fournitures au-dessous de 28 kilos,	—	»	04
	Bourre			
10	Brune,	le kilogramme	»	45
11	Blonde,	—	»	50
12	Blanche,	—	1	»
	Lattes			
13	D'aubier et clous,	la botte de 50 lattes	1	50
14	De chêne —	— —	2	»
	Clous			
15	A rappointis pour cloisons, etc.,	le kilogramme	1	10
16	A latte,	—	1	30
	MORTIERS			
	Mortier			
17	D'argile, chaux et bourre blonde,	le mètre cube	18	»
18	— — brune,	— —	17	50

Les journées d'hiver, si l'on en exige, seront payées le même prix que celles d'été.

19	De sable de carrière, chaux et bourre blonde,	le mètre cube	25	»
20	— chaux et bourre brune,	— —	24	»
21	De chaux, sable et bourre blanche,	— —	30	»

Brouettée et baquetée

22	La brouettée comptera pour	»^{m}100	
23	La baquetée — pour	» 033	

TRAVAUX NEUFS

au mètre linéaire.

Moulures droites poussées au calibre

24	Corniche et moulure jusqu'à 0^{m}10 de développement réel du profil, le mètre linéaire	1	25	
25	De 0^{m}11 à 0^{m}15 de développement, — —	1	50	
26	0 16 à 0 27 — — —	1	75	

Les frais de calibre sont compris dans les évaluations ci-contre.

Plus value

27	Pour moulure circulaire, au mètre linéaire	1/2	
28	— à double courbure, doubler le prix	obser.	

Corniches

au mètre carré.

Au-dessus de 0^{m}27 de développement, les corniches seront payés au mètre carré de surface réelle développée.

29	Au mortier d'argile et plâtre,	6	50
30	— de sable —	7	»

Les amortissements contre plan droit seront payés en plus pour 0^{m}05 de longueur de la moulure ou corniche amortie.
Ceux contre plan circulaire seront doublés.

Plus value

31	Pour partie circulaire, au mètre carré	2	50
32	— à double courbure, — —	5	»

ENDUIT AU MÈTRE CARRÉ

Enduits sur mur épaisseur moyenne 0^{m}02

33	Au mortier d'argile et bourre,	»	65
34	— de sable —	»	90
35	— chaux et bourre blanche,	1	25

Plus value

36	Pour enduits soignés devant être peints, dressés à la règle et au bidet, au mètre carré	»	20
37	Pour enduits circulaires,	1/5	
38	Pour enduits à double courbure,	1/2	
39	Pour enduits de façades, ordinaires, au mètre carré	»	20

Enduits sur lattis jointif en lattes d'aubier

40	Au mortier de chaux, argile et bourre, le mètre carré	1	35
41	— — sable de carrière et bourre, — —	1	90
42	— — et bourre blanche, — —	2	50

Moins value

43	Pour enduits sur lattis conservé,	»	55
44	Pour enduits sur lattes vieilles réemployées,	»	30

Enduits sur lattis non jointif en lattes d'aubier

Lattes espacées de 0ᵐ06 d'axe en axe,

45	Au mortier de chaux argile et bourre,	le mètre carré	1	10
46	— sable et bourre,	— —	1	60
47	— chaux et bourre blanche,	— —	2	25

Moins value

48	Pour enduits sur lattis conservé,	au mètre carré	»	30
49	— sur lattes vieilles réemployées,	— —	»	20

Enduits sur lattis jointif en lattes de chêne

50	Au mortier de chaux, argile et bourre,	le mètre carré	1	75
51	— sable et bourre,	— —	2	25
52	— de chaux et bourre blanche,	— —	2	75

Moins value

53	Pour enduits sur lattis conservé,		»	75
54	— sur vieilles lattes réemployées,		»	50

Enduits sur lattis non jointif en lattes de chêne espacées de 0ᵐ06 d'axe en axe.

55	Au mortier de chaux argile et bourre,	le mètre carré	1	40
56	— sable et bourre,	— —	1	90
57	— chaux et bourre blanche,	— —	2	40

Moins value

58	Pour enduits sur lattis conservé,		»	45
59	Pour enduits sur lattes réemployées,		»	30

Plus value

Les plus values pour enduits dressés et circulaires sont les mêmes que pour les enduits sur murs, ainsi que la plus value de façades,

Plus value pour enduits sur lattes dites à couvrir,

60	Lattis jointif	au mètre carré	»	40
61	— non jointif,	— —	»	25

Renformis

Chaque centimètre de renformis pour dressement de parties hors d'aplomb,

62	Au mortier d'argile et bourre,	le mètre carré	»	25
63	— de sable,	— —	»	30
64	Au plâtre pur,	— —	»	35

BANDEAUX AU MÈTRE LINÉAIRE

Bandeaux jusqu'à 0ᵐ05 d'épaisseur moyenne dressés à la règle

Sur murs :

Au mortier d'argile,

65	Jusqu'à 0ᵐ10 de largeur,	le mètre linéaire	»	25
66	De 0 11 à 0 15 —	— —	»	35
67	0 16 à 0 25 —	— —	»	50

Au mortier au sable,

68	Jusqu'à 0ᵐ10	le mètre linéaire	»	30
69	De 0ᵐ11 à 0 15	— —	»	45
70	0 16 à 0 25	— —	»	70

Dans les travaux neufs, les renformis provenant de la mal façon des travaux de charpente ou de maçonnerie, seront payés par le propriétaire et déduits au compte de l'entrepreneur qui aura causé ce travail supplémentaire.

Il ne sera compté de renformis que au dessus de 0ᵐ025 d'épaisseur.

Au-dessus de 0ᵐ25 de largeur les enduits seront payés au mètre carré avec plus value de renformis s'il en existe.

N°	Désignation	Unité	Prix
	Sur lattes d'aubier :		
	Au mortier d'argile,		
71	Jusqu'à 0^{m}10	le mètre linéaire	» 40
72	De 0^{m}11 à 0 15	— —	» 60
73	0 16 à 0 25	— —	» 90
	Sur lattes d'aubier :		
	Au mortier au sable,		
74	Jusqu'à 0^{m}10	le mètre linéaire	» 45
75	De 0^{m}11 à 0 15	— —	» 70
76	0 16 à 0 25	— —	1 »
	Sur lattes de chêne :		
	Au mortier au sable,		
77	Jusqu'à 0^{m}10	le mètre linéaire	» 60
78	De 0^{m}11 à 0 15	— —	» 75
79	0 16 à 0 25	— —	1 10

Plus value d'arêtes

N°	Désignation	Unité	Prix
80	Pour arêtes d'angles dressées à la règle,	le mètre linéaire	» 10
81	— circulaires	— —	» 15

Denticules

N°	Désignation	Prix
82	La façon d'une denticule compris filet ou baguette jusqu'à 0^{m}05 sera payée	» 05
83	Chaque centimètre en plus	» 01

Crépis

N°	Désignation	Prix
84	D'enduits non terminés pour parties non visibles, déduire des prix d'enduits ci-dessus 1/3me des prix sur murs.	1/3^e

Joints, feuillures et plates-bandes

N°	Désignation	Unité	Prix
85	Tirés au crochet jusqu'à 0^{m}03 de largeur,	le mètre linéaire	» 10
86	Creux, à arêtes droites,	— —	» 25

Façon simple des enduits

N°	Désignation	Unité	Prix
87	Sur murs,	le mètre carré	» 30
88	Sur lattis non jointif,	— —	» 50
89	Sur lattis jointif,	— —	» 55
90	Lattage seul, non jointif,	— —	» 10
91	— jointif,	— —	» 15

Lattages pour fourniture et façon

N°	Désignation	Unité	Prix
92	Lattes d'aubier clouées jointives,	le mètre carré	» 55
93	— espacées de 0 10 d'axe en axe,	— —	» 30
94	Lattes de chênes clouées jointives,	— —	» 75
95	— espacées de 0 10	— —	» 45

Blanchissage au lait de chaux

N°	Désignation	Unité	Prix
96	Sur enduits neufs en plafonds,	le mètre carré	» 12
97	— — en refends,	— —	» 10
98	— vieux en plafonds,	— —	» 15
99	— — en refends,	— —	» 12

Brossage et époussetage

N°	Désignation	Unité	Prix
100	De vieux enduits, plafonds ou autres,	le mètre carré	» 03

Grattage et lavage

N°	Désignation	Unité	Prix
101	De vieux enduits, en plafonds,	le mètre carré	» 15
102	En faces perpendiculaires ou autres.	— —	» 10

Les parties d'enduits dressés entre 2 bâtis seules seront comptées comme bandeaux. Les parties d'angles joignant d'un côté un chambranle de porte ou autre seront comptées comme enduit ordinaire.

Ces blanchissages doivent être exécutés jusqu'à teinte parfaite.

Badigeons unis à la colle

103	De refends ou autres faces perpendiculaires jusqu'à teinte parfaite, le mètre carré	»	20
104	De plafonds, — —	»	25
105	De refends d° avec simple filet d'assises tracé à la règle, le mètre carré	»	25
106	De refends d° avec triple filet d'ombre, — —	»	35

Les badigeons à la colle qui ne résisteraient pas au frottement seront considérés et payés comme badigeons à la chaux.

MODE DE MESURAGE DU PLAFONNAGE

Tous les travaux seront mesurés géométriquement pour les surfaces réelles, vues après achèvement des travaux, sans aucune plus value de parties de profils cachés par les enduits. Les lattages sous corniches sont compris dans l'estimation de ce travail, et les plafonds ou refends ne sont à compter que du dedans des moulures.

La plus value à appliquer pour les onglets de corniches raccordés à la main, variant à l'infini, suivant le nombre plus ou moins grand des corps de moulures, aucun prix exact ne peut servir de moyenne pour évaluer ces onglets, à la pièce. Il est donc juste de mesurer les corniches d'angle à angle extérieur pour la longueur, sans aucune autre plus value que cette augmentation de la surface réelle.

Les rengraissages des dessous d'escaliers ou des foyers de cheminées seuls seront payés à l'entrepreneur (suivant contrôle). Le hâchement des pièces de refend pour enduit compté sur mur lui sera aussi payé. Tous les travaux supplémentaires provenant de mal façon seront déduits au compte des entrepreneurs ayant nécessité cette dépense et payés malgré cela par le propriétaire.

12ᵉ SECTION

PLATRERIE

Journée

1	De maçon plâtrier,	6	50
2	D'aide plâtrier,	3	50

Plâtre

3	Par sacs de 28 kilos rendus à pied d'œuvre, le sac	1	»
4	Pour fourniture au-dessus de 28 kilos, le kilogramme	»	03
5	— au-dessous —	»	04

Moulures droites

6	Jusqu'à 0ᵐ10 de développement réel du profit, le mèt. linéaire.	1	25
7	De 0ᵐ11 à 0 15 — — —	1	50
8	De 0 16 à 0 27 — — —	1	75

Plus value

	Pour moulure circulaire,	au mètre linéaire		
9	— jusqu'à 0^{m}10	— —	» 50
10	— — 0 15	— —	» 60
11	— — 0 27	—	» 75
12	— à double courbure, de 0^{m}10	— —	1 »
13	— — 0 15	— —	1 25
14	— — 0 27	— —	1 50

Les prix ci-contre comprennent les frais de calibres.

Corniches et moulures

| 15 | De plus de 0^{m}27 de développement réel de profit, le mètre carré | 7 » |

Les amortissements contre plan droit seront payés en plus pour 0^{m}05 de longueur de la moulure ou corniche amortie.

Plus value

| 16 | Pour parties circulaires, le mètre carré | 2 50 |
| 17 | Pour parties à double courbure, — — | 5 » |

Les amortissements contre plan circulaire seront doublés.

Aires

| 18 | En plâtre de 0^{m}03 d'épaisseur, le mètre carré | 1 50 |
| 19 | Chaque centimètre en plus ou en moins. | » 25 |

ENDUITS AU MÈTRE CARRÉ

Enduits dressés au plâtre de 0^{m}02 d'épaisseur moyenne en faces perpendiculaires

20	Sur murs droits compris déjointoiement ou piquetage, le mètre carré	1 10
21	Sur augets de plafonds droits, — —	1 25
22	Sur lattes d'aubier clouées jointives, — —	2 »
23	— espacées de 0^{m}06 d'axe en axe, — —	1 75
24	— de chêne clouées jointives, — —	2 50
25	— espacées de 0^{m}06 d'axe en axe, — —	2 25

Plafonds

26	Droits sur lattis jointif en latte cœur de chêne, le mètre carré	2 75
	Sur augets droits avec lattes en cœur de chêne,	
27	Plafond droit, — —	3 75
28	— cintré, — —	4 25
	Sur augets cintrés avec lattes en cœur de chêne :	
29	Plafond droit,	4 »
30	— cintré,	4 50

Plus value

| 31 | Sur les enduits pour surface courbe, au mètre carré | 1/5 |
| 32 | Pour surface à double courbure, — — | 1/2 |

Fournitures de lattes et clous

| 33 | Lattes d'aubier et clous, la botte | 1 50 |
| 34 | — de chêne et clous, — | 2 » |

La botte se compose de 50 lattes.
d°

BANDEAUX AU MÈTRE LINÉAIRE

Bandeaux jusqu'à 0^{m}05 d'épaisseur moyenne dressés à la règle

	Sur murs :		
35	Jusqu'à 0^{m}10 de largeur, le mètre linéaire	» 50
36	De 0^{m}11 à 0^{m}15 — — —	» 60
37	De 0 16 à 0 25 — — —	» 75
	Sur lattes de chêne :		
38	Jusqu'à 0^{m}10 de largeur, — —	» 75
39	De 0^{m}11 à 0^{m}15 — — —	» 85
40	De 0 16 à 0 25 — — —	1 »

Au-dessus de 0 25 de largeur, les bandeaux seront comptés au mètre carré avec plus value de renformis et d'arête s'il y a lieu.
Les parties dressées entre 2 bâtis seront seules comptées comme bandeaux. Les parties d'angles joignant d'un côté un chambranle de porte ou autre seront comptées comme enduit ordinaire.

Crépis droit simple, jusqu'à 0ᵐ02 d'épaisseur

41	Sur mur,	le mètre carré	» 75
42	Sur lattes de chêne jointives,	— —	2 »
43	Sur lattes de chêne espacées de 0ᵐ06 d'axe en axe,	— —	1 65

Plus value

44	Sur parties circulaires,	au mètre carré	» 10
45	— à double courbure,	— —	» 25

Renformis

46	Le mètre carré de renformis au plâtre pur pour parties hors d'aplomb ou de niveau, sera payé par chaque centimètre d'épaisseur.	» 30

Dans les travaux neufs les renformis provenant de la mal façon des travaux de charpente ou de maçonnerie, seront payés par le propriétaire et déduits du compte de l'entrepreneur qui aura causé cette dépense supplémentaire.

Il ne sera compté de renformis que au-dessus de 0 025 d'épaisseur.

Clous

47	A rappointis pour cloisons en briques,	le kilogramme	1 10
48	A lattes,	—	1 30

Arêtes

49	Le mètre linéaire d'arêtes droites,		» 10
50	— — circulaires,		» 15

Denticules

51	La façon d'une denticule compris filet ou baguette jusqu'à 0ᵐ05 de côté sera payée,	» 05
52	Chaque centimètre en plus.	» 01

Joints

53	Tirés au crochet jusqu'à 0ᵐ03 de largeur,	le mètre linéaire	» 10

Filets

Filets, solins ou crevasses bouchées au plâtre jusqu'à 0ᵐ03 de largeur, le mètre linéaire

54	En faces perpendiculaires,	» 15
55	En plafonds,	» 25

Chaque centimètre de largeur en plus,

56	En faces perpendiculaires,	» 03
57	En plafond,	» 05

Feuillures ou plates-bandes

58	Travaux en imitation de pierres ou autres, jusqu'à 0ᵐ06 de largeur, arêtes dressées,	le mètre linéaire	» 25

Lattis, fourniture et façon

Le mètre carré de lattis jointif,

59	En lattes d'aubier,	» 55
60	— de chêne,	» 75

Le mètre carré de lattis en lattes espacées de 0ᵐ06 d'axe en axe,

61	En lattes d'aubier,	» 40
62	— de chêne,	» 60

Cloisons

63	En carreaux de plâtre de 0ᵐ08 d'épaisseur enduit des 2 faces,	le mètre carré	3 50
64	En carreaux de plâtre jointoyés seulement des 2 faces,	le mètre carré	2 75
65	Pour pose seulement et jointoiement des 2 faces,	— —	» 75

Languettes

Pigeonnées et ravalées de 0ᵐ08 d'épaisseur,

66	Ravalées des 2 côtés,	le mètre carré	3 50
67	— d'un seul côté,	— —	2 75
68	Chaque centimètre en moins de 0ᵐ08 d'épaisseur, il sera diminué des prix ci-dessus,	au mètre carré	» 20

Tranchées

69	Le mètre linéaire de tranchée dans un mur en briques de 0ᵐ07 à 0 07	» 25
70	La même tranchée de 0ᵐ11 à 0ᵐ11	» 50
71	— 0 22 à 0 12	» 75

Maçonnerie de briques

Violettes 2ᵐᵉ choix hourdées au plâtre pur pour bouchement de portes, croisées ou autres travaux exécutés en parties cubant

72	moins de 1ᵐ00 cube,	le mètre cube	30 »
73	Même maçonnerie, en parties cubant plus de 1ᵐ00	— —	28 »
74	Moins value pour emploi de briques communes,	— —	1 »

Tubes de cheminées

En briques violettes hourdées au plâtre pur,

75	De 0ᵐ12 d'épaisseur compris le crépis intérieur,	le mètre carré	3 50
76	Semblable au précédent mais en briques de champ de 0ᵐ08 d'épaisseur avec enduit,	le mètre carré	2 25

Pour tous autres travaux non compris dans cette série voir les séries de maçonnerie et de plafonnage et appliquer les prix proportionnels.

MODE DE MESURAGE DE LA PLATRERIE

Tous les travaux seront mesurés géométriquement pour les surfaces réelles vues après achèvement des travaux sans aucune plus value de parties de profils cachées par les enduits. Les lattages sous corniches sont compris dans l'évaluation de ce travail, et les plafonds et refends ne sont à compter que du dedans des moulures.

Une seule exception à cette règle doit être faite pour les plafonds sur augets qui seront comptés en surface totale avec déduction de un quart seulement sur les parties cachées par les moulures.

La plus value à appliquer pour les onglets de corniches raccordés à la main, variant à l'infini suivant le nombre plus ou moins grand des corps de moulures, aucun prix exact ne peut servir de base moyenne pour l'évaluation de ce travail à la pièce. Il est donc juste de mesurer toutes les faces des moulures ou corniches, d'angle à angle extérieur (pour la longueur,) sans aucune autre plus value que cette augmentation de la surface réelle. Les rengraissages des dessous d'escaliers ou des foyers de cheminées seuls seront payés à l'entrepreneur suivant contrôle. Le hâchement des pièces de refend pour enduit compté sur mur lui sera aussi payé.

Tous les travaux supplémentaires provenant de mal façon seront déduits du compte de l'entrepreneur ayant nécessité cette dépense et payés malgré cela par le propriétaire.

13ᵉ SECTION

SERRURERIE

PRIX DE RÈGLEMENT

	Journée			
1	D'ouvrier de ville pour travaux en réparation,	5	»	
2	D'ouvrier forgeron, —	5	50	
3	De premier ouvrier poseur de sonnettes,	5	»	
4	D'apprenti,	2	50	
5	De forgeron de première classe (travaux difficiles),	6	»	

La journée est de 10 heures de travail, soit à l'heure 1/10ᵉ des prix ci-contre.

FOURNITURES BRUTES RENDUES
à pied d'œuvre.

Fers de 1ʳᵉ classe

6	Carrés et méplats de plus de 0^m02 de côté, le kilogramme.	»	45	
7	d° jusqu'à 0^m02 de côté, —	»	50	
8	A cercles jusqu'à 0^m003 d'épaisseur, —	»	50	
9	A double Té pour planchers, —	»	45	
10	A vitrage et fers cornières ou à moulures, —	»	60	

Tôles

11	Douces dites fer fort, —	»	85	
12	Anglaises pour construction, —	»	80	

TRAVAUX NEUFS
fourniture et façon.

Gros fers compris pose et clous et entailles des talons ou pattes

13	Coupés seulement à longueur, en fer rond ou carré pour ancres, linteaux droits, traverses de cheminées ou autres, le kilogramme	»	60	
14	Coudés ou à scellements pour agrafes, chaînes, tirandes, plates-bandes, clefs, etc. le kilogramme	»	70	
15	Coudés et contre-coudés pour étriers, plates-bandes, équerres, le kilogramme	»	75	

Fers forgés

16	Coudés à congés et à trous renflés, mis en place, le kilogramme	»	90	
17	Pour combles en fer ordinaire compris montage, ajustement et pose, (boulons et rivets au même prix), le kilogramme	1	»	

Le poids des clous sera compté avec celui des fers.

18	Pour trémies de cheminées à deux ou trois coudes, compris pose et clous, le kilogramme	» 65
19	Tirandes à clef mises en places, compris coudes et talons, le kilogramme	» 70
20	Tirandes avec bouts taraudés et à écrous. —	» 80

Colonnes en fonte mises en place

21	Pleines, modèle de commerce, le kilogramme	» 35
22	Creuses, — — —	» 40

Moins value

23	Sur les prix de colonnes ci-dessus pour fournitures au-dessus de 500 kilos, au kilogramme	» 03

Fers spéciaux pour

24	Planchers composés de solives en fer à Té ordinaire de 0m08 à 0m16 de hauteur avec assemblages en fer cornière compris pose, le kilogramme	» 55
25	Poutres en fer percées de trous pour tirants, ou armatures de poutres en bois avec boulons, etc., mises en place, le kilogramme	» 60
26	Fermes de combles avec entrait et arbalétrier en fer rond ou méplat, et pièces d'assemblage en fonte, sur modèle, tout compris, le kilogramme	» 80

Plus value

27	Pour fers de plus de 7 00 de longueur, par chaque mètre en plus et au kilogramme,	» 05
28	Pour fers à larges ailes, au kilogramme	» 10

Fers à vitrages ordinaires dits fers à Té

29	Pour marquises et combles de cours en appentis, fers coupés seulement et fixés à pattes à vis sur supports ou sommier, le kilogramme	» 90
30	Pour lanternes ou chassis de comble à deux pentes en place, le kilogramme	1 15
31	Pour toitures avec arêtiers et culas, en place, —	1 30
32	Galeries vitrées, petits bois de vitrage en fer bien dressé et mis en place, le kilogramme	» 80
33	Patte enlevée à même de la feuillure, soit à plat, soit coudée, entaillée et posée à vis, la pièce	» 25
34	Patte bien faite formant Té à chaque extrémité du petit bois, entaillée, la pièce	» 50
35	Chaque assemblage à moitié fer formant croisillon d'équerre, Le croisillon complet, la pièce	» 50
36	Croisillon à assemblages d'onglet, —	» 75
37	Les assemblages d'angles droits pour châssis, cadres ou autres sont compris dans le prix de	» 80

Les travaux ci-contre pouvant varier à l'infini suivant la complication des dessins à exécuter, le prix de 0 fr. 80 ne comprend que la fourniture et le dressement des fers. Les pattes et assemblages divers seront payés en plus aux prix indiqués à la série.

Plus value

38	Sur les prix ci-dessus pour emploi de fer à moulure, au kilogramme	» 10
39	Pour toitures de moins de 5m00 carrés —	» 10
40	Pour toitures circulaires ou à côtés irréguliers, —	» 20
41	Pour travaux circulaires de toutes formes —	» 10

GRILLES EN FER FORGÉ

Grilles dormantes en fer forgé (en place)

42	En fer rond ou carré, les barreaux scellés de chaque bout, les trous évidés à froid dans les traverses, mises en place, le kilogramme	» 80
43	Semblables avec sommiers et arcs-boutants. —	» 85
44	En fer rond ou carré avec traverses en fer plat, assemblages à trous renflés avec lances, ornements et culots en fonte et arcs-boutants, —	» 95
45	Portes ou châssis en barreaux de fer rond ou carré, assemblés comme ci-dessus avec bâtis d'encadrement, le kilogramme	1 »
46	Dº à trous renflés, —	1 10

Plus value

47	Pour grilles avec ornements de remplissage entre barreaux, en fer forgés, au kilogramme	» 25

Plus value

48	Pour grilles ou parties circulaires en plan, par chaque traverse, en plus au kilogramme	» 02

Grilles ou portes

49	En barreaux de fer plats ou carrés de 0^m025 au moins assemblés et forgés suivant dessins, les ornements coupant les barreaux, tous ajustements compris, le kilogramme	1 50

Plus value

50	Pour emploi de fers de moins de 0^m025 de côté, au kilogramme	» 25

Vieux fers façonnés et mis en place

51	Coupés seulement à longueur, le kilogramme	» 20
52	Coupés et forgés avec coudes, percement de trous, pose et clous, le kilogramme	» 25
53	Coudés et contre-coudés, —	» 30
54	— — avec trous, renflés, —	» 45

Tôle laminée

55	Battue, dressée et clouée pour doublure de volets ou autres, le kilogramme	1 60

Fonte

56	Pour plaques unies ou à dessins ordinaires, foyers de cheminées ou autres, fourniture simple, le kilogramme	» 35
57	Pour plaques percées de trous ou ornées, —	» 40
58	Pour gargouilles, caniveaux, tuyaux cannelés, etc. —	» 50
59	Tuyaux divers unis — —	» 40
60	Pose desdits tuyaux au kilogramme	» 10

Plomb vieux

61	Pour scellement de grilles sans emploi, le kilogramme	» 65
62	— compris façon d'emploi et frais de charbon ou autres, le kilogramme	1 »

Les scellements au plomb seront seuls payés comme plus value de fourniture de plomb employé.

Balcons en fonte ornée

63	Modèles de commerce assemblés dans des châssis en fer carré de plus de $0^m02 \times 0^m02$ avec arcs-boutants à congé mis en place, le kilogramme	» 90

	Plus value		
64	Quand les fers de bâtis auront 0ᵐ02 ou moins, au kilogramme		» 05

OUVRAGES DIVERS

mis en place à la pièce.

Agrafes

65	Et contre-panneton de volet intérieur,	la pièce	1 »
66	— à pattes entaillées, à fleur bois,	—	1 40

Anneaux

	D'écuries, bruts de 0ᵐ06 à 0ᵐ08 de diamètre avec tirefond,		
67		la pièce	» 60
68	Les mêmes polis et renforcés,	—	» 90
	De trappes à charnière, forgés en fer 1/2 rond avec écrou et rondelle entaillée;		
69	Jusqu'à 0ᵐ08 de diamètre,	la pièce	1 50
70	Au-dessus de 0ᵐ08 —	—	1 75
71		ou au kilogramme	2 »

Arrêts de persiennes

72	A broche et chaînette ou tête en fonte avec charnière à bascule,	la pièce	» 60
73	A anneau et paillette en acier faisant mouvoir le mentonnet, garni de sa tige à scellement,	la pièce	1 »

Becs de canne

	En large ordinaire, poli, encloisonné, posé à vis compris façon de gâche.		
74	Jusqu'à 0ᵐ08	la pièce	2 50
75	De 0 095	—	2 75
76	De 0 11	—	3 »
77	En long 0ᵐ08	—	3 25
78	— 0 095	—	3 75

Plus value

79	Pour bec de canne à rondelle tournée au foliot,	la pièce	» 75
80	Pour verrou de nuit à bouton de coulisse,	—	1 »

Becs de canne en long

	Première qualité, revêtue d'une estampille de fabrique, cloison de 0ᵐ02 sur 0ᵐ08		
81	de 0 09	la pièce	3 75
82	0 11	—	4 25
83	0 14	—	4 75
84	De 0 05 à 0 08 sur 0 11	—	4 25
85	De 0 09 sur 0 11	—	4 75

Becs de canne de volets, en cuivre

	Avec tige à anneau entaillé et gâche,		
86	De 0ᵐ03 sur 0ᵐ055	la pièce	2 25
87	De 0 035 sur 0 06	—	2 50
88	De 0 04 sur 0 065	—	2 75
89	De 0 045 sur 0 07	—	3 »
90	De 0 05 sur 0 08	—	3 50
91	De 0 055 sur 0 085	—	4 »

Becs de canne de tirage en cuivre encloisonné à queue

92	De 0ᵐ02 sur 0ᵐ055	la pièce	1	50
93	De 0 025 sur 0 06	—	1	75
94	De 0 03 sur 0 065	—	1	75
95	De 0 035 sur 0 07	—	2	»
96	De 0 04 sur 0 08	—	2	25

Béquilles simples pour becs de canne

97	En cuivre à anneau renforcé,	la pièce	1	25
98	A double anneau,	—	1	50
99	En buffle,	—	3	50

Béquilles doubles

100	Payées 3/5ᵉˢ en plus des prix ci-dessus,		3/5

Boules de rampe ajustées et goupillées

Légères, en cuivre, de 0ᵐ002 d'épaisseur.

101	Diamètre 0ᵐ05	la pièce	1	75
102	— 0 06	—	2	»
103	— 0 08	—	3	»
104	— 0 10	—	4	50
105	— 0 12	—	7	»

Renforcées de 0ᵐ004 d'épaisseur.

106	Diamètre 0ᵐ08	—	4	50
107	— 0 10	—	7	»
108	En verre blanc dᵒ 0ᵐ08	—	6	»
109	— 0 10	—	9	»
110	En cristal blanc 0 08	—	10	»
111	— massif, 0 10 à 0 11	—	14	»

En fonte émaillée blanc.

112	Diamètre 0ᵐ08 à 0 09	—	7	50
113	— 0 10 à 0 11	—	10	»

Boulons à têtes rondes, collets carrés (mis en place)

114	Jusqu'à 0ᵐ05 de long,	la pièce	»	10
115	— 0 08 —	—	»	25
116	— 0 11 —	—	»	50
117	— 0 14 —	—	»	60
118	— 0 16 —	—	»	75

Boulons de volets avec platine, contre platine et mortaise

Ronds ordinaires à clavette.

119	De 0ᵐ08	la pièce	1	»
120	De 0 11	—	1	10
121	De 0 13	—	1	20
122	De 0 16	—	1	30

Ronds à mentonnet ;

123	De 0ᵐ08	—	1	80
124	De 0 11	—	1	90
125	De 0 13	—	2	»
126	De 0 16	—	2	10

Boulons de charpente

127	A têtes carrées, écrous et rondelles, jusqu'à 0ᵐ30	le kilogr.	1	10
128	Au-dessus de 0ᵐ30 de longueur,	—	»	90

BOUTONS

Boutons simples en fer tourné, ajustés et rivés sur barres

129	Diamètre 0ᵐ034	la pièce	»	60
130	— 0 047	—	»	85
131	— 0 054	—	1	10

Boutons de tirage en fonte vernie pour portes, fixés à tige taraudée avec écrou entaillé et rosette

132	Diamètre 0^{m}04	la pièce	1 »
133	— 0 05	—	1 25
134	— 0 06	—	1 50
135	— 0 07	—	1 75
136	— 0 08	—	2 »

Boutons en cuivre semblables aux précédents

137	Jusqu'à 0^{m}02 de diamètre,	la pièce	» 35
138	Diamètre 0^{m}03	—	» 75
139	— 0 04	—	1 »
140	— 0 05	—	1 50
141	— 0 06	—	2 50
142	— 0 07	—	3 50
143	— 0 08	—	4 50
144	— 0 09	—	5 50
145	— 0 10	—	6 50

Boutons à olive en cuivre avec crampon et rosette
(en place)

146	Haut 0^{m}04	la pièce	» 75
147	— 0 042	—	» 80
148	— 0 046	—	» 85
149	— 0 049	—	» 90
150	— 0 056	—	1 »
151	— 0 059	—	1 10

BOUTONS DOUBLES

Boutons doubles en cuivre à olive ordinaire, ajustement compris

152	Dimension 0^{m}038 sur 0^{m}020	la pièce	1 25
153	— 0 040 sur 0 022	—	1 50
154	— 0 043 sur 0 023	—	1 60
155	— 0 046 sur 0 029	—	1 75
156	— 0 048 sur 0 026	—	1 90
157	— 0 055 sur 0 026	—	2 »
158	— 0 059 sur 0 027	—	2 25

Plus value

159	Pour tige à balustre,	la pièce	» 25

Boutons doubles (en place)

En verre moulé garniture ordinaire en cuivre à goupille.

160	Diamètre 0^{m}04	la pièce	2 »
161	— 0 05	—	2 25

En cristal taillé garniture renforcée.

162	Diamètre 0^{m}04	—	4 »
163	— 0 05	—	4 50

En fonte émaillée garniture renforcée.

164	Diamètre 0^{m}04	—	3 »
165	— 0 05	—	3 50

CADENAS

Cadenas ordinaires en place avec pitons

166	De 0^{m}04	la pièce	» 75
167	De 0 047 à 0^{m}055	—	1 »
168	De 0 06	—	1 25
169	De 0 07	—	1 50
170	De 0 08	—	1 75

CLOUS DIVERS

Clous et chevilles en fer

171	Le kilogramme en place,		1	10

CHARNIÈRES

Charnières ordinaires en fer, entaillées en feuillures, fixées à vis

172	Carrées ou longues de 0ᵐ06	la pièce	»	30
173	— — 0 07	—	»	35
174	— — 0 08	—	»	40
175	— — 0 095	—	»	50
176	— — 0 11	—	»	60
177	— — 0 12	—	»	75
178	— — 0 16	—	1	»

Plus value

179	Pour charnières à broches profilées,	la pièce	»	05
	Pour charnières renforcées,			
180	Jusqu'à 0ᵐ08	la pièce	»	05
181	Au-dessus de 0 08	—	»	10

Charnières en cuivre laiton

182	De 0ᵐ06 de longueur,	la pièce	»	60
183	De 0 08 —	—	»	75
184	De 0 11 —	—	1	»

Charnières semblables à nœuds ronds

185	De 0ᵐ06	la pièce	»	80
186	De 0 08	—	1	»
187	De 0 11	—	1	50

CRÉMONES

Crémone jusqu'à 2ᵐ00 mise en place avec vis

Ordinaire en fer 1/2 rond et garniture en fonte

188	Diamètre 0ᵐ014	la pièce	2	75
189	— 0 016	—	3	25
190	— 0 018	—	3	50
191	— 0 020	—	4	50

Plus value

192	Chaque mètre de longueur en plus,		»	75
193	Chaque conduit en fonte —		»	35

Crémones de portes cochères, fermant à clef, garniture en fonte, tige de 3ᵐ00 de longueur mise en place avec vis

194	En fer 1/2 rond de 0ᵐ023	la pièce	26	»
195	En fer rond 0 020	—	25	»
196	— 0 022	—	35	»
197	— 0 025	—	40	»
198	— 0 027	—	45	»
	Pour les crémones de plus ou moins de 3ᵐ00 de tige la plus ou moins value sera basée suivant le prix de 1 fr. 00 au kilo-			
199	gramme sur la différence de tige.		1	»

CROCHETS

Crochets (en place)

Plat, poli, posé à vis et piton.

200	— 0^{m}08	la pièce	» 50
201	— 0 09	—	» 60
202	— 0 11	—	» 75

Rond avec ses deux tirefonds,

203	jusqu'à 0^{m}11	—	» 50
204	0 14	—	» 60
205	0 16	—	» 75
206	0 19	—	1 »
207	0 22	—	1 25
208	0 25	—	1 50

Plus value

Pour crochets renforcés,

209	jusqu'à 0^{m}16	—	» 05
210	Au-dessus de 0 16	—	» 10

Crochets de terrasse (en place)

211	Chaque crochet de terrasse mis en place,	» 25

Douilles à platine

212	Pour crochets, entaillées et posées à vis,	la pièce	» 90

ÉQUERRES

Equerres entaillées et fixées avec vis à garnir

213	Jusqu'à 0^{m}16 de branche,	la pièce	» 30
214	0 19 —	—	» 35
215	0 22 —	—	» 40
216	Renforcées de 0^{m}16 —	—	» 35
217	0 19 —	—	» 40
218	0 22 —	—	» 50

Pesant 9 k. 000 le cent.
— 12 k. 000 —
— 22 k. 000 —

Equerres forgées entaillées et fixées à vis

219	Pour portes-charretières coudées sur plat ou sur champ avec congé, les arètes bien dressées,	le kilogramme	1 50

Entaille

220	Bien faite en feuillure,	le mètre linéaire	» 75

FICHES

Fiches à boutons avec broches posées sur tréteaux

221	De 0^{m}095	la pièce	» 40
222	De 0 11	—	» 45
223	De 0 12 à 0 16	—	» 75
224	De 0 165 à 0 19	—	1 »
225	De 0 24	—	1 25

Plus value

226	Pour pose sur huisserie,	—	» 10

Fiches chanteau entaillées et posées à vis

227	de 0ᵐ09 de longueur entre boules,	la pièce	»	45
228	de 0 11 à 0 12	—	»	50
229	de 0 125 à 0 16	—	»	75
230	de 0 165 à 0 19	—	1	»
231	de 0 20 à 0 25	—	1	25

Plus value

232	Pour pose sur huisserie,	la pièce	»	10

Fiches de porte à vase

233	Et à bouton, compris crapaudine en place,	la pièce	1	50

Fléaux de persiennes

En forme de poignée d'espagnolette montés sur platine et garnis d'un support à pattes, entaillés et fixés à vis,

234	de 0ᵐ16	la pièce	1	25
235	de 0 19	—	1	50
236	de 0 22	—	1	75

Gâches

237	En tôle de 0ᵐ001 blanchie, entaillées et fixées à vis, la pièce		»	50
238	— avec trous d'empénage,		»	75
	Fortes à pattes blanchies, pour verrous, targettes, etc. la pièce			
239	de 0ᵐ035	—	»	40
240	de 0 04	—	»	45
241	de 0 045	—	»	50
242	de 0 05	—	»	60
243	A pattes ou à pointes pour becs de cannes,		»	50
244	— pour serrures à 2 pènes —		»	75
245	— pour serrures de sûreté —		»	75
246	En cuivre pour verrous à la capucine,	la pièce	»	50
	Fortes, en cuivre avec empénage pour verrous à ressort,			
247	Droites,	à la pièce	»	50
248	Coudées,	—	«	65
249	Pour pannetons de porte ou autres,	la pièce	»	20

Plus value

250	Pour gâches renforcées et polies à vives arêtes,	la pièce	»	20

Galets ou poulies en cuivre sans chapes

251	Diamètre 0ᵐ02	la pièce	»	50
252	— 0 03	—	»	60
253	— 0 04	—	»	70
254	— 0 05	—	»	80
255	— 0 06	—	»	90
256	— 0 07	—	1	10
257	— 0 08	—	1	20

Galets ou poulies montés sur chapes à pointes ou à scellements

258	Diamètre 0ᵐ02	la pièce	»	75
259	— 0 03	—	1	»
260	— 0 04	—	1	30
261	— 0 05	—	1	70
262	— 0 06	—	2	»
263	— 0 07	—	2	25
264	— 0 08	—	2	50

Gonds mis en place

	A scellement ou à pointes,			
265	de 0ᵐ11 à 0ᵐ16	la pièce	» 40	
266	de 0 19 à 0 25	—	» 50	
	A pattes,			
267	de 0ᵐ11 à 0ᵐ16	la pièce	» 75	
268	de 0 19 à 0 25	—	1 »	
	Pour pentures ordinaires,			
269	jusqu'à 0ᵐ60 de branche.	la pièce	1 25	
270	Au-dessus de 0 60 —	—	1 50	
271	A pattes, jusqu'à 0ᵐ60 de branche,	—	1 50	
272	au-dessus de 0 60 —	—	1 75	
	Pour pentures entaillées,			
273	jusqu'à 0ᵐ60 de branche,	la pièce	1 50	
274	Au-dessus de 0 60 —	—	1 75	
275	A pattes, jusqu'à 0ᵐ60 —	—	1 75	
276	au-dessus de 0 60 —	—	2 »	

Gratte-pieds

277	Ordinaire à 3 scellements,	la pièce	2 50	
278	— à 2 —	—	à éval.	(Suivant travail).

Loqueteaux (en place)

	Coudés montés sur platine avec anneau, tirage et conduit posé			
279	à vis, de 0ᵐ04	la pièce	1 »	
280	0 045	—	1 10	
281	0 055	—	1 25	
	A pompe, boîte en fonte avec garniture d°,			
282	de 0ᵐ095	la pièce	1 »	
283	0 11	—	1 10	

Loquets

	Ordinaires 1/2 légers, à bouton olive plat, compris crampon et rosette (mis en place),			
284	de 0ᵐ32	la pièce	1 25	
285	de 0 40	—	1 50	
286	de 0 50	—	1 75	
287	Pour bouton olives ronds,	en plus	» 10	

Plus value

288	Pour loquets 1/2 forts renforcés,	la pièce	» 20	

Loquets renforcés (dits forts)

	A bouton olive rond compris crampon et rosette, pène de 0ᵐ0055 d'épaisseur,			
289	Longueur 0ᵐ32	la pièce	2 »	
290	— 0 40	—	2 20	
291	— 0 50	—	2 50	
292	— 0 65	—	2 75	

Mentonnets

293	A 2 pointes,	la pièce	» 40	
294	A pattes entaillés et posés à vis pour loquets ordinaires,	—	» 55	
295	1/2 forts,	—	» 70	
296	renforcés,	—	» 80	

Mentonnet d'armoire

	Tige à ressort fixé à vis avec arrêt pour vantail d'armoire,			
297		en place	» 60	

Moraillon

	Ordinaire avec lacet et tirefond,			
298	de 0ᵐ16	la pièce	» 80	
299	de 0 19	—	» 85	
300	de 0 25	—	1 »	
301	Renforcé d° de 0 16	—	1 »	
302	de 0 19	—	1 25	
303	de 0 25	—	1 50	

Pannetons de portes

N°			
304	Avec gâche en fer,	la pièce	» 50

Pannetons de volets mobiles

Entaillés et fixés à vis.

305	Droits jusqu'à 0^{m}10	la pièce	» 40
306	de 0 11 à 0 19	—	» 50
307	Coudés jusqu'à 0^{m}10	—	» 75
308	de 0 11 à 0 19	—	1 »

Supports des pannetons

Coudés, entaillés et fixés à vis.

309	Jusqu'à 0^{m}10	la pièce	» 50
310	De 0 11 à 0 19	—	» 75

Pattes à vis et à scellements (en place)

311	Droites ou coudées, entaillées, de 0^{m}11 à 0 14,	la pièce	» 25
312	0 15 à 0 18,	—	» 30

Faites exprès en fer de 0^{m}02 sur 0 006

313	de 0 19 à 0 25	—	» 50
314	de 0 26 à 0 33	—	» 60

Plus value

315	Pour celles entaillées (faites exprès),	la pièce	» 10

Paumelles simples à Té avec gond à scellement, entaillées et fixées à vis

316	de 0^{m}14 de branche,	la pièce	75 »
317	0 16 —	—	» 85
318	0 19 —	—	1 »
319	0 22 —	—	1 25
320	0 25 —	—	1 50

Paumelles simples à équerres avec gonds d° d°

321	de 0^{m}19 sur 0 25	la pièce	1 50
322	0 22 sur 0 29	—	1 75
323	0 25 sur 0 35	—	2 25
324	0 30 sur 0 40	—	2 50

La première dimension indique la hauteur de la paumelle et la seconde la largeur de la branche d'équerre.

Paumelles doubles à Té ordinaire entaillées et fixées à vis

325	de 0^{m}14 de branche,	la pièce	» 90
326	0 16 —	—	1 »
327	0 19 —	—	1 25
328	0 22 —	—	1 50
329	0 25 —	—	1 75
330	0 30 —	—	2 »
331	0 35	—	2 50
332	0 40	—	3 50

Moins value

Pour celles non entaillées

333	Jusqu'à 0^{m}25	la pièce	» 25
334	de 0 30 à 0 40	—	» 50

Paumelles doubles à boules entaillées et posées en feuillures

335	En tôle de 0^{m}11	la pièce	1 »
336	0 14	—	1 15
337	0 16	—	1 30
338	0 19	—	1 50
339	0 22	—	1 75
340	0 25	—	2 »

Paumelles en fer 1/2 blanchi ou à nœuds à bagues en cuivre

341	de 0^m11	la pièce	1 25
342	0 14	—	1 40
343	0 16	—	1 50
344	0 19	—	1 75
345	0 22	—	2 »
346	0 25	—	2 25

Pentures droites (avec le gond)

Ordinaires, non élargies au collet, chanfreinées posées sans entailles avec clous.

347	de 0 33	la pièce	1 »
348	0 40	—	1 25
349	0 50	—	1 50
350	0 65	—	1 75
351	0 80	—	2 »
352	1 00	—	2 50

Pentures droites de façon (avec le gond)

Élargies au collet à congé dressées à la lime, entaillées et fixées à vis.

353	de 0^m40	la pièce	1 75
354	0 50	—	2 »
355	0 65	—	2 50
356	0 80	—	3 »
357	1 00	—	4 »
358	au poids compris pose et vis,	le kilogramme	1 50

Pentures à charnières (en place)

359	Pour volets brisés,	le kilogramme	2 50

Pentures de persiennes

à équerre fixées à vis avec gonds à scellement ou à pointes,

360	Jusqu'à 0^m33 de branche,	la pièce	1 75
361	0 40 —	—	2 »
362	0 45 —	—	2 25
363	0 50 —	—	2 50
364	0 55 —	—	2 75

Plus value

365	Pour chaque gond à pattes,	—	» 25

Pentures semblables

366	Forgées sur mesure pour portes-cochères ou autres, compris ajustement et pose, le kilogramme		1 50

Pivots ordinaires à équerre avec congé (pour portes)

En fer forgé, mis en place avec bourdonnière et crapaudine entaillées et fixées à vis,

367	Jusqu'à 0^m27 de branche,	la pièce	2 »
368	0 33 —	—	2 25
369	0 40 —	—	2 50
370	0 50 (renforcés).	—	3 »

Plus value

371	Pour entaille sur champ,	—	» 25
372	Pour crapaudine pendante,	—	» 75

Poignées de volets (en fer)

A pattes entaillées et fixées à vis,

373	Jusqu'à 0^m11	la pièce	» 50
374	de 0 115 à 0 16	—	» 60

A olive tournante, fixée à vis sur platine,

375	de 0^m16	—	» 90
376	de 0 18	—	1 »
377	de 0 22	—	1 25

	Plus value			
378	Pour celles renforcées,	la pièce	»	10
	Pivots de portes cochères			
379	A équerre forgés à sabots, y compris entailles et vis, le kilogramme		1	50
380	A étriers avec barres de semelles et accessoires, compris entailles et vis, le kilogramme		1	»
	Plates bandes d'assemblages pour limons d'escaliers ou autres			
	Entaillées et fixées à vis.			
381	En fer, de 0ᵐ034 sur 0 005 d'épaisseur,	le mètre linéaire	3	50
382	— de 0 04 sur 0 007	— —	4	»
383	— de 0 047 sur 0 009	— —	5	»
384	— de 0 055 sur 0 009	— —	6	»

RAMPES D'ESCALIERS

Rampes à barreaux en fer rond espacés de 0ᵐ16 d'axe en axe et recouverts d'une plate bande en fer bandelette

	A pointe posé sur limon, les barreaux garnis d'une astragale en cuivre,			
385	Barreaux de 0ᵐ016	le mètre linéaire	8	»
386	— de 0 018	— —	9	50
	A col de cygne à pointe avec rosace en fonte légère et forte astragale en cuivre,			
387	Barreaux de 0ᵐ016	le mètre linéaire	10	»
388	— de 0 018	— —	12	»
	A pitons en fonte ornée avec rosace et chapiteaux à boule,			
389	Barreaux de 0ᵐ016	le mètre linéaire	18	»
390	— de 0 018	— —	21	»
391	— de 0 020	— —	25	»

La longueur sera mesurée sur la main courante en fer.

Balustres de rampes

392	Les balustres en fonte ornée seront seuls comptés séparément et payés, compris taraudage et ajustement, au kilogramme		1	»

SERRURES

Serrures d'armoires ordinaires compris pose et vis

	Blanchie, à broche, pène au milieu,			
393	de 0ᵐ07	la pièce	2	»
394	de 0 08	—	2	25
	Blanchie, à canon, pène au milieu,			
395	de 0ᵐ07	la pièce	2	25
396	de 0 08	—	2	50
	Polies, à broche, pène au milieu,			
397	de 0ᵐ07	la pièce	2	50
398	de 0 08	—	2	75
	Polie à canon, pène au milieu,			
399	de 0ᵐ07	la pièce	2	75
400	de 0 08	—	3	»
	Polie à 3 pènes et à canon,			
401	de 0ᵐ07	la pièce	5	50
402	de 0 08	—	6	»
403	de 0 11	—	7	»

Serrures à 1/2 tour

Pour portes de caves, cabinets ou autres, mises en place avec gâche, entrée et vis,

		la pièce	2	75
404	de 0ᵐ11			
405	de 0 14	—	3	50

Serrures noires à pène dormant 1/2 fortes avec vis et entrée (sans gâche)

Ordinaire sans bouterolle,

		la pièce	3	»
406	de 0ᵐ14			
407	de 0 16	—	3	50

Demi forte à bouterolle,
Cloison   de 0ᵐ03 d'épaisseur,

		la pièce	3	50
408	de 0 14			
409	de 0 16	—	4	»

Renforcée à bouterolle,
Cloison   de 0ᵐ05

		la pièce	4	50
410	de 0 14			
411	de 0 16	—	5	»
412	de 0 19	—	6	»

Serrures à tour 1/2 à bouton de coulisse

Pène au milieu, entrée et gâche encloisonnée, posées à vis,

		la pièce	3	50
413	de 0ᵐ11			
414	de 0 14	—	3	75
415	de 0 16	—	4	50
416	Chaque gâche faite sur mesure sera payée		»	75

Serrures ordinaires à 2 pènes à foliot avec entrée et gâche encloisonnée

417	Polie, de 0ᵐ14	la pièce	4	»
418	de 0 16	—	4	50

Polie et renforcée à haute tête avec foliot à rondelles,

		la pièce	5	75
419	de 0ᵐ14			
420	de 0 16	—	6	50

En long pour façades,

421	Jusqu'à 0ᵐ08	la pièce	4	50
422	de 0 09	—	5	»
423	de 0 10	—	5	50

Serrures de sûreté à foliot dites bon poussé avec entrée gâche et vis

Blanchies, garnitures droites simples,

		la pièce	9	»
424	de 0ᵐ14			
425	de 0 16	—	10	»

Blanchies et garnitures blanchies,

426	de 0ᵐ14	—	10	»
427	de 0 16	—	11	»

Polies, garniture simple,

428	de 0ᵐ14	—	9	»
429	de 0 16	—	10	»

Polies, garnitures blanchies,

430	de 0ᵐ14	—	11	»
431	de 0 16	—	12	»

Serrures de sûreté en long 1/2 cloison à bouton de coulisse

432	Jusqu'à 0ᵐ07	la pièce	9	50
433	de 0 08	—	10	50
434	de 0 09	—	11	»
435	de 0 10	—	12	»

Serrures de sûreté à gorges

436	de 0ᵐ14	la pièce	12	»
437	de 0 16	—	14	»

SONNETTES ET ACCESSOIRES

Sonnettes posées avec ressort et support à pointes

438	Diamètre, 0m055	la pièce	2	»
439	0 06	—	2	25
440	0 07	—	2	50
441	0 08	—	3	»
442	0 09	—	3	50
443	0 10	—	4	»

Bascules

444	Simples, à fourreau, garnies en cuivre, de 0 50 de longueur,	la pièce	2	50
445	Chaque décimètre en plus ou moins,	—	»	15
446	A tourillons sur support à pointes et à talons,	—	2	70

Accessoires

447	Chaque double boucle de jonction,	la pièce	»	50
448	Chaque conduit à pointe,		»	15
449	Chaque pointe d'arrêt, en place,		»	20

Conduits

450	En fil de fer,	le mètre linéaire	»	10
451	En fil de laiton,	— —	»	12

Mouvements en cuivre à congé

452	Sur support à pointe,	la pièce	»	75
453	Montés sur platine entaillée,	—	1	75

Ressorts de rappel

454	En cuivre,	la pièce	»	50
455	En acier,	—	»	75

Tirage à anneau en cuivre

456	Compris pose n° 1	la pièce	3	50
457	— n° 2	—	3	75

Tirage à pompe en cuivre

458	Jusqu'à 0m07 carré,	la pièce	3	»
459	de 0 08	—	3	25
460	de 0 09	—	3	50
461	de 0 10	—	4	»
	Tirage à boucle en cuivre			
462	n° 1	la pièce	7	»
463	n° 2	—	8	»
464	n° 3	—	9	»
	Tirage à boucle avec marbre			
465	n° 1	la pièce	9	»
466	n° 2	—	10	»
467	n° 3	—	11	»

TARGETTES

Targettes en fer platine noire à chapeau avec crampon à pattes ou à pointes

468	A bouton tourné, jusqu'à 0m04 de largeur à la platine, la pièce		»	50
469	d° de 0m055 à la platine,	—	»	60
470	d° de 0 06 —	—	»	75
471	d° de 0 07 —	—	»	90
472	d° de 0 08 —	—	1	»

Plus value

473	Pour celles renforcées, avec bouton à patère,	la pièce	» 20

Targettes en cuivre

Avec platine et bouton de coulisse,

474	Jusqu'à 0^m04	la pièce	1 10
475	0 055	—	1 50
476	0 06	—	1 75
477	0 07	—	2 50

GRILLAGES EN FIL DE FER

Grillages compris pose liens et pointes

478	Mailles de 0^m01, fil de fer n° 2	le mètre carré	6	50
479	— de 0 02 — n° 5	— —	4	»
480	— de 0 03 — n° 6	— —	3	50
481	— de 0 04 — n° 7	— —	3	»
482	— de 0 05 — n° 8	— —	2	50

VASISTAS

Vasistas à la pièce

En fer à rainures , de force proportionnée à la grandeur, compris assemblages , et double châssis fixé en feuillure pour le battement, compris pose,

483	Jusqu'à 0^m30 de côté,	la pièce	5	50
484	de 0 35 à 0 40 —	—	7	»
485	de 0 45 à 0 50 —	—	9	»
486	de 0 55 à 0 60 —	—	10	»
487	de 0 65 à 0 80 —	—	12	»
488	Au-dessus jusqu'à 1^m00 carré	—	14	»

Ferrures de vasistas

489	Charnière en fer ou pivot à bourdonnière,	la pièce	1	»
490	Loqueteau droit avec baril en cuivre,	—	1	50
491	Loqueteau à ressort,	—	1	75
492	Mentonnet à pattes en cuivre,	—	»	25

VERROUS

Verrous à ressort en fer blanchi, avec conduits à pattes et boutons tourné

1/4 Placard de 0^m018 de pène.

493	Longueur, 0 14	la pièce	»	65
494	0 16	—	»	75
495	0 33	—	1	»
496	0 40	—	1	25
497	0 41 à 0 50	—	1	50

1/2 placard, pène de 0 023 de largeur.

498	Longueur, 0^m16	—	1	»
499	0 33	—	1	25
500	0 40	—	1	50
501	0 50	—	1	75
502	Chaque décimètre en plus,	—	»	20

Les prix ci-contre indiqués pour châssis carrés sont les mêmes pour châssis rectangulaires ayant le même périmètre.

	3/4 placard, pène de 0^m028 de largeur,		
503	de 0^m16	—	1 25
504	0 33	—	1 50
505	0 40	—	1 75
506	0 50	—	2 »
507	Chaque décimètre en plus,		» 25
	Placard, pène de 0^m031 de largeur.		
508	Longueur, 0^m16	la pièce	1 50
509	0 33	—	1 75
510	0 40	—	2 25
511	0 50	—	2 50
512	Chaque décimètre en plus,		» 25

Plus value

513	Pour verrou à arrêt à vis, sur les prix ci-dessus,		» 75

Verrous à entailler

	de 0^m016 à 0 020 de tige,		
514	Longueur, 0 40	la pièce	1 75
515	Chaque décimètre en plus ou en moins,	—	» 25
	de 0^m021 à 0 027 de tige.		
516	Longueur, 0 40	la pièce	2 50
517	Chaque décimètre,	—	» 25

Conduits de verrous

518	Chaque conduit à pattes en cuivre fixé à vis,	—	» 35

VIS A BOIS

Vis à tête plate ou ronde compris pose

519	de 0^m02 prix moyen,	la pièce	» 015
520	0 03 —	—	» 025
521	0 04 —	—	» 04
522	0 05 —	—	» 06
523	0 06 —	—	» 08

Vis à tête carrée compris pose

524	de 0^m06	la pièce	» 30
525	0 07	—	» 35
526	0 08	—	» 40
527	0 09	—	» 45
528	0 10	—	» 50

14ᵉ SECTION

FUMISTERIE

PRIX DE RÈGLEMENT

JOURNÉES ET FOURNITURES

1	La journée d'un bon ouvrier fumiste pour calorifères		6 50
2	— — pour travaux ordinaires		6 »
3	— d'un aide fort		3 »
4	Chaque nuit moitié en sus		obser.
5	Matériaux divers, mêmes prix que pour la maçonnerie		obser.

Tôles douces des Ardennes

6	Tôles dites fer fort,	le kilogramme	» 85
7	— anglaises,	— —	» 82

TRAVAUX NEUFS

en place.

Rétrécissements de cheminées, comprenant :
La livraison des 3 panneaux en faïence blanche, la façon du rétrécissement, toute la façon de l'intérieur, la pose des côtés et du contre-cœur (en carreaux ou en fonte payés à part) la façon et fourniture des goussets et des glacis en maçonnerie formant conduit fermé jusqu'au tuyau, le carrelage de l'âtre et la pose des croissants.

Dimensions intérieures des cheminées

8	Pour cheminée de	0ᵐ80 sur 0ᵐ80	la pièce	20 »
9	—	0 85 sur 0 80	—	21 »
10	—	0 90 sur 0 80	—	22 »
11	—	0 95 sur 0 80	—	24 50
12	—	0 95 sur 0 85	—	26 »
13	—	1 00 sur 0 80	—	26 50
14	—	1 00 sur 0 85	—	27 50
15	—	1 00 sur 0 90	—	28 50
16	—	1 10 sur 0 80	—	29 50
17	—	1 10 sur 0 85	—	30 50
18	—	1 10 sur 0 90	—	31 25

Moins value

19	Lorsque les glacis et les goussets intérieurs en maçonnerie, ne sont montés que jusqu'au dessus du châssis,	à la pièce	2 »

Châssis à rideaux

Avec contre-poids, tôle ordinaire vernie à la brosse, avec cadre moulure en cuivre, de 0^{m}03 à 0 04 de largeur,

20	Largeur 0^{m}45 sur 0 45	la pièce	9	»
21	— 0 50 sur 0 50	—	10	»
22	— 0 55 sur 0 55	—	10	75
23	— 0 60 sur 0 60	—	12	»
24	— 0 65 sur 0 65	—	13	»

Plus value

25	Pour châssis renforcés vernis au feu avec moulure de 0^{m}05 de largeur,	à la pièce	2	»

Plus value

Sur les châssis renforcés,

26	Pour moulure de 0^{m}06 de largeur,	la pièce	1	25
27	— 0 07 —	—	3	»
28	— 0 08 —	—	5	»

Plus value

Pour 2 coins ronds à chaque chassis :

29	En moulure de 0^{m}04 (par châssis)	la pièce	2	50
30	— 0 05 —	—	3	25
31	— 0 06 —	—	4	50
32	— 0 07 —	—	6	»
33	— 0 08 —	—	7	50

Intérieurs

De cheminées en plâtre, comprenant :
Le cadre en fer avec moulure en cuivre de 0 04 de largeur, le carrelage de l'âtre et les panneaux en plâtre ainsi que le garnissage intérieur,

34	Pour cheminées de 0 80 à 0 90 de largeur,	la pièce	11	50
35	— 0 95 à 1 10 —	—	12	»

Plaques en fonte

Plaques unies ou à dessins ordinaires, pour fonds et côtés de cheminées.

36	Mises en place,	au kilogramme	»	45

Carreaux de hallon

37	Carreaux de 0^{m}24 de côté.	la pièce	»	40
38	— 0 27 —	—	»	50
39	— 0 33 —	—	»	60
40	Carreaux réfractaires,	—	1	»

Carreaux de faience

41	Blancs ou à dessins, jusqu'à 0^{m}12 de côté,	la pièce	»	15
42	Chaque 1/2 carreau, compris sciottage,	—	»	15
43	**Contre-cœur** de cheminée à la colle,	—	»	40
44	— — à la mine de plomb,	—	»	30

Croissants en fer à boutons de cuivre

45	Modèle n° 1 en place	la paire	1	»
46	Ordinaire n° 2 —	—	1	10
47	1/2 fort n° 3 —	—	1	25
48	Fort n° 4 —	—	1	50
49	Plus-value pour ceux à détacher,	—	»	25

Croissants en cuivre à rosaces

50	Modèle n° 1 en place,	la pièce	1	50
51	— n° 2 —	—	1	75
52	— n° 3 —	—	2	»
53	— n° 4 —	—	2	50
54	Plus value pour ceux à détacher,	—	»	25

Croissants à boules de cristal

55	Modèle 1/2 fort à détacher,	la paire	3	»
56	— fort —	—	3	50
57	— ciselé et renforcé,	—	5	50

OUVRAGES EN TOLE

58	Tuyaux ronds de divers diamètres, avec coudes	le kilogramme	1	10
59	Tuyaux ovales ou rectangulaires, avec coudes,	— —	1	30
60	Mitres en tôle pour dessus de cheminées, tuyau et capotte à champignon,	le kilogramme	1	30
61	Appareils divers pour dessus de tuyaux de cheminées, peints au minium,	au kilogramme	1	60
62	Plus value de pose et attaches à compter suivant les prix de zinguerie ou de serrurerie,	obser.		

CALORIFÈRES

63	Prix du système en tôle,	au kilogramme	1	60
64	Prix des parties en fonte,	— —	»	60
65	Pose en plus,	obser.		
66	Conduits souterrains ou apparents grands et petits, ceux apparents, enduits, compris frasier. Prix moyen au mètre linéaire,		4	50
67	Conduits en fonte ronds ou ovales pour tuyaux d'air ou de fumée, compris façon des joints et pose,	le kilogramme	»	40
68	Entourage de bouche de chaleur, façon simple, moyenne.	la pièce	1	50
69	Pose d'une bouche de chaleur et de son entourage, entaille comprise,	la pièce	1	»
70	Bouches de chaleur, prix à débattre,	obser.		

15ᵉ SECTION

PEINTURE

PRIX DE RÈGLEMENT

JOURNÉES

Journée

1	D'ouvrier pour travaux ordinaires,	l'heure	»	40
2	D'ouvrier décorateur,	l'heure	»	60

FOURNITURES

Blanc

3	De zinc en poudre,	le kilogramme	1	10
4	— broyé à l'huile,	—	1	50
5	De neige en poudre,	—	1	30
6	— broyé à l'huile,	—	1	75
7	Dit d'Espagne,	le morceau	»	07

Bleu

8	De Prusse, broyé à l'huile,	le kilogramme	12	»
9	D'outremer,	—	6	»

Bronze en poudre

10	Jaune et blanc,	le paquet	1	60
11	Cramoisi et vert,	—	2	50

Brun Van-Dyck

12	Ordinaire broyé à l'huile,	le kilogramme	1	50

Céruse surfine

13	En poudre pure,	le kilogramme	1	»
14	Broyée à l'huile, en pâte,	—	1	40
15	Préparée en peinture,	—	1	50

Colle

16	De peau de lapin,	le kilogramme	»	50
17	De pâte,	—	»	30
18	De parchemin ou double,	—	»	60

	Eau			
19	De cuivre,	le litre	1 »	
20	Seconde,	—	» 50	
	Encaustique			
21	A l'essence.à la cire jaune,	le kilogramme	5 »	
	Essence			
22	De térébenthine,	le kilogramme	obser.	Suivant cours.
	Goudron			
23	Liquide,	le kilogramme	» 75	
	Huile			
24	De lin épurée,	le kilogramme	1 50	Prix moyen.
25	Cuite (siccatif)	—	1 75	
	Jaune de Chrome			
26	N° 1 en poudre,	le kilogramme	2 50	
27	Broyé à l'huile,	—	3 »	
	Laque			
28	Jaune en poudre,	le kilogramme	10 »	
29	Surfine,	—	12 »	
	Litharge			
30		le kilogramme	1 »	
	Mastic			
31	Ordinaire en blanc de céruse n° 2 pour rebouchages, le kilogramme		» 80	Tout mastic broyé à la mécanique sera refusé.
	En blanc de céruse surfine ou de zinc pour enduits, le kilogramme		» 90	
	Mine de plomb			
33		le kilogramme	» 85	
	Minium			
34	En poudre,	le kilogramme	» 95	
35	Broyé à l'huile,	—	1 50	
	Noir			
36	Ordinaire en poudre,	le kilogramme	» 60	
37	— préparé en peinture,	—	1 40	
38	D'ivoire en poudre ou broyé,	—	2 50	
	Ocre			
	Jaune et rouge lavée,	le kilogramme		
39	En poudre,	—	» 50	
40	Broyé à l'huile.	—	1 20	
	Oxide de zinc			
41	Le kilogramme		» 60	
	Papier de verre			
42	La feuille		» 10	
	Pierre ponce			
43	En morceaux,	le kilogramme	1 25	
44	Potassium,	—	2 50	

Siccatif (brillant)

45	le kilogramme		2	50

Terre

46	D'ombre ou de Cassel, en poudre,	le kilogramme	2	»
47	— broyée à l'huile,	—	2	50
48	De Sienne brûlée, en poudre,	—	2	50
49	— broyée à l'huile,	—	2	75

Vermillon

50	En poudre, français,	le kilogramme	15	»
51	— allemand,	—	18	»
52	— anglais	—	20	»

Vernis

53	Surfin pour décors,	le litre	5	»
54	Blanc surfin,	—	4	50
55	Gras pour décors n° 1,	—	4	75
56	— n° 2,	—	4	»
57	A l'esprit de vin,	—	3	»

Vitriol

58	Le kilogramme,	—	»	60

Cuivre galvanique

59	En poudre, le kilogramme, n° 1		40	»
60	— — n° 2		30	»

Bronze vert antique et florentin

61	Préparé au vert liquide pour bronze, vert antique, le kilogramme		6	»
62	Préparé au noir liquide pour bronze florentin, le kilogramme		3	»

OUVRAGES AU MÈTRE CARRÉ

Travaux préparatoires.

Brossage et époussetage

63	Sur enduits,	le mètre carré	»	03
64	Sur lambris moulurés,	— —	»	05

Egrenage

65	Sur plâtre, compris époussetage,	le mètre carré	»	05
66	Au grattoir, affilé pour unir d'anciens fonds à l'huile, — —		»	20

Grattage

67	De badigeons, sur murs, en plafonds, ou de bois unis, le mètre carré		»	10
68	Et destruction complète d'anciennes peintures, brûlage au potassium, à l'essence ou autre, sur parties unies, le mètre carré		»	75
69	Avec brûlage au fer et à l'essence, sur parties moulurées, le mètre carré		1	25

Lavage

70	A l'eau,	le mètre carré	»	05

Lessivage

71	A l'eau seconde, pour repeindre ou conserver,	le mètre carré	»	10

Le prix des grattages et ponçage des parties moulurées comprend ce travail sur les moulures ; en cas contraire, le prix des parties unies serait seul appliqué.

Le ponçage ne sera admis que pour travaux soignés.

Ponçage

	Sur murs ou boiseries.		
72	Parties unies,	le mètre carré	» 10
73	Parties moulurées,	—	» 15

Rebouchage

74	A la colle,	le mètre carré	» 08
75	A l'huile, au mastic teinté ou non,	—	» 10

Dans les travaux ordinaires le rebouchage ne sera admis que pour les travaux n'ayant reçu qu'une couche qui auraient été rebouchés.

Enduits sur travaux très-soignés

76	A la colle, sur parties unies.	le mètre carré	» 30
77	Sur parties moulurées, moulures non enduites,	—	» 50
	Au mastic à la céruse.		
78	Sur parties unies,	—	» 60
	Sur parties moulurées, mais les moulures non enduites,		
79		le mètre carré	» 75
80	Sur parties moulurées, les moulures enduites,	—	1 50
	A l'huile, à la céruse de moulures développant au moins 0^m06,		
81		le mètre linéaire	» 20
82	Demi-enduit pour glacer les surfaces à peindre sans redresser toutes les sinuosités des fonds, moitié des prix ci-dessus,		obser.

OUVRAGES A LA CHAUX

Badigeon

	A la chaux ou à l'alun jusqu'à teinte parfaite,		
83	En faces perpendiculaires,	le mètre carré	» 12
84	En plafonds,	—	» 15

Plus value

85	Pour façades extérieures, frais d'échelle et autres, le m. carré	» 05

OUVRAGES A LA COLLE

Travaux soignés à la colle

86	En faces perpendiculaires, teinte unie parfaite,	le mètre carré	» 20
87	En plafond jusqu'à teinte parfaite.	—	» 25
88	En faces perpendiculaires avec simple filet d'assises tracé à la règle, ou granité,	le mètre carré	» 25
89	Avec triple filet d'assises formant ombres creuses ou saillantes,	le mètre carré	» 35
90	En imitation de pierres massées avec filet simple,	—	» 40
91	— — avec triple filet d'ombre —		» 50

Les badigeons à la colle mal exécutés ou dont la colle ne retiendrait pas la couleur, seront comptés comme ouvrages à la chaux.

Imitation de marbres sur fond à la colle

92	Travaux ordinaires avec simple filet à la règle, tracé au crayon,	le mètre carré	» 60
93	Travaux soignés,	—	» 75

Pour les travaux sur fond à la colle non refait, diminuer les évaluations ci-contre des prix ci-dessus.

Plus value

94	Pour marbres par panneaux avec bordure d'un autre ton (chaque ton en plus),	au mètre carré	» 10
95	Pour filet d'ombre tracé à la règle formant table creuse ou saillante,	au mètre linéaire	» 08
96	Pour chaque couche où il entre des couleurs fines, telles que vert fin et vermillon, etc.	au mètre carré	» 10
97	Pour chiquetage de divers tons,	au mètre carré	» 20

Encollage

98	Chaque couche,	le mètre carré	» 10

OUVRAGES A L'HUILE

Travaux ordinaires à l'huile, bien faits

99	En 1re couche sur bois neufs ou sur enduits,	le mètre carré	» 35
100	A 2 couches compris rebouchage au mastic à la céruse,	le mètre carré	» 65
101	A 3 couches, tout compris,	— —	» 90
102	Chaque couche en plus,	— —	» 25

La dénomination de travaux ordinaires comporte une bonne exécution du travail et l'emploi de matières de 1re qualité.

Travaux très-soignés recommandés par ordre écrit

103	A une couche sur boiseries neuves,	le mètre carré	» 35
104	A une couche sur anciennes peintures compris léger ponçage,	le mètre carré	» 40
105	A 2 couches compris léger ponçage à chaque couche et masticage,	le mètre carré	» 75
106	A 3 couches compris léger ponçage à chaque couche et masticage,	le mètre carré	1 »
	Chaque couche en plus avec ponçage,	— —	» 30

Plus value

107	Pour chaque couche de minium ou de noir au vernis,	au mètre carré	» 05
108	Pour chaque ton en réchampissage,	— —	» 10
109	Pour peinture sur bois brut, chaque couche,	— —	» 05
110	— — pierre ou brique, en 1re couche seulement,	— —	» 05
	Pour emploi de couleurs fines		
111	En teintes pâles,	au mètre carré	» 10
112	— foncées, sans mélange de blanc,	— —	» 25

Les travaux exécutés sur fond au minium ne seront exigibles bien couverts et terminés qu'avec 3 couches en sus de celle au minium.

L'ordre de peindre au minium devra donc être donné par le propriétaire.

Moins value

113	Pour travaux unis mal exécutés ou imparfaitement couverts quoique acceptables,	au mètre carré	» 10

Plinthes ou tablettes réchampies en teinte unie

	Jusqu'à 0^m15 de développement,		
114	A 1 couche,	le mètre linéaire	» 10
115	A 2 —	— —	» 15
	De 0^m16 à 0 25 de développement,		
116	A 1 couche,	— —	» 15
117	A 2 —	— —	» 20

Au-dessus de 0 25 de largeur les parties mêmes réchampies seront payées au mètre carré.

Moulures rechampies

118	En blanc de neige ou autre teinte, chaque couche,	le mètre linéaire	» 10

OUVRAGES EN DÉCORS

Travaux ordinaires.

Imitation de bois et marbres divers (bien faits)

119	Sur ancien fond non vernis,	le mètre carré	» 60
120	Sur ancien fond et vernis à une couche,	— —	» 90
121	Sur une couche de fond non vernis,	— —	» 95
122	Sur une couche de fond et vernis,	— —	1 25
123	Sur deux couches de fond non vernis,	— —	1 25
124	Sur deux couches de fond et vernis,	— —	1 50
125	Sur trois couches de fond non vernis,	— —	1 50
126	Sur trois couches de fond et vernis,	— —	1 75

Les travaux ordinaires doivent être bien faits comme fond et comme imitation.

La moins value sera appliquée en cas de mal façon évidente ou d'absence de tout travail décoratif.

	Moins value		
127	Pour imitation de bois ou marbres, mal faits ou sans soin, le mètre carré		» 25

TRAVAUX TRÈS-SOIGNÉS

(commandés).

Imitation de bois et marbres divers

128	Sur ancien fond non vernis,	le mètre carré	» 80
129	Sur ancien fond et vernis,	— —	1 10
130	Sur une couche de fond non vernis,	— —	1 15
131	Sur une couche de fond et vernis,	— —	1 45
132	Sur deux couches de fond non vernis,	— —	1 45
133	Sur deux couches de fond et vernis,	— —	1 75
134	Sur trois couches de fond non vernis,	— —	1 70
135	Sur trois couches de fond et vernis,	— —	2 »

Le vernis pour travaux soignés devra être celui indiqué comme vernis gras n° 1.

Les prix ci-contre comprennent le ponçage des fonds.

Tous les travaux en décors exécutés par petits panneaux donnent droit aux plus values ci-contre. Chaque division de panneau pour peinture en imitation de bois de rose comptera pour un panneau.

Plus value

Pour peinture en imitation de bois de rose ou autres, exécutés en petites parties.

136	Par chaque panneau en plus de deux par mètre, au mètre carré		» 25
137	Pour bois et marbre de divers tons, Chaque ton en sus du fond,		» 10
138	Pour glacis de transparence, pour imitation parfaite de bois et de marbres, emploi de couleurs fines, travail fini, au mètre carré		» 50

La plus value pour glacis et imitation parfaite de décors, sera due quand l'ordre sera donné à l'entrepreneur de parfaire les imitations, et quand cette condition sera atteinte.

Plinthes ou tablettes en décors

Jusqu'à 0m15 de largeur,

139	Travaux ordinaires,	le mètre linéaire	» 25
140	Travaux soignés,	— —	» 30
	De 0m16 à 0 24		
141	Travaux ordinaires,	— —	» 40
142	Travaux soignés,	— —	» 45

Au-dessus de 0 24 compter les peintures au mètre carré.

Glacis ordinaire

143	Sur peinture en décors ou vieille peinture,	le mètre carré	» 30

Granit à l'huile

144	Ordinaire, chaque jetée,	le mètre carré	» 10
145	Chiqueté pour toute façon et fournitures,	— —	» 30

Encaustique

146	A l'essence et à la cire, pour bois et marbres clairs, le mètre carré		» 50

Vernissage sur peintures vieilles

147	Au vernis à l'esprit de vin,	le mètre carré	» 30
148	Au vernis gras n° 1	— —	» 35
149	Au vernis surfin,	— —	» 40
150	Chaque couche en sus, moins-value,	au mètre carré	» 05

Dans les travaux neufs, la 2e couche de vernis s'il en est commandée sera payée en appliquant la moins value ci-contre.

Coupe de pierre

Avec frottis sur fond à l'huile, trois couches,

151	Travaux ordinaires à 1 filet,	le mètre carré	1 30
152	— à 2 filets,	— —	1 40
153	— à 3 filets,	— —	1 50

Imitation de briques

154	Sur fond à l'huile, trois couches avec filets d'appareils tracés à la règle et frottis, le mètre carré		2 »

Plus value

155	Quand au lieu de filets à tracer à la règle, le rejointoiement des maçonneries sera à réchampir à la main, au mètre carré		» 50

	Bronze		
156	Antique ou cuivre à effet sur fond à l'huile, poncé et vernis, le mètre carré	2 50	
	Coutil		
157	De toutes nuances sur fond à l'huile, avec filets, le mètre carré	2 75	

MISE EN COULEUR DE CARREAUX,
PARQUETS ET MARCHES

158	Parquets frottés seulement, le mètre carré	» 15	
159	— encaustiqués et frottés, —	» 20	
160	— encaustiqués à l'essence, —	» 45	
161	— à la cire vierge et frottés, —	» 50	
162	— au siccatif brillant à une couche, —	» 50	
163	— chaque couche en plus, —	» 40	

ouvrages au mètre linéaire

Barreaux jusqu'à 0ᵐ14 de dévelop. compris grattage

164	A l'huile à une couche, le mètre linéaire	» 07	
165	Chaque couche en sus, —	» 05	
166	Pour emploi de minium, en sus chaque couche,	» 01	
167	— de noir au vernis —	» 01	
168	En brun Van Dick, ton amaranthe, bleu ou couleurs fines, une couche, le mètre linéaire	» 09	
169	Chaque couche en sus,	» 06	
170	Bronzés à l'effet, ou en bronze gris sur fond à l'huile, trois couches, le mètre linéaire	» 30	
171	Les mêmes en bronze vert et cramoisi, —	» 40	

Barreaux de rampe jusqu'à 1ᵐ10 avec pitons ornés en fonte

172	En peinture unie à trois couches, la pièce	» 25	
173	En bronze gris ou à l'effet, —	» 40	
174	En bronze vert ou cramoisi, —	» 50	

Façon du décors en imitation de fausses

175	Persiennes à 2 vantaux, le mètre carré	4 »	
176	— à 3 vantaux, —	6 »	
177	— à 6 vantaux, —	8 »	
178	Croisées à grands carreaux, . le mètre carré	3 »	
179	— à petits carreaux, —	4 »	
180	Jalousies complètes, —	6 »	
181	Moulures ou corniches, à réduire au mètre linéaire suivant le nombre et la nature des filets qui les composent,	obser.	

La valeur des fonds seule n'est pas comprise dans les évaluations ci-contre :

Si les imitations de croisées étaient faites du côté des moulures, la valeur de ces dernières serait supplémentaire.

Filets

182	A la règle, au crayon, le mètre linéaire	» 02	
183	A l'huile, tracé à la règle, —	» 05	
184	Ou baguettes de moulures réchampies à l'huile, en tons ordinaires, le mètre linéaire	» 08	
185	Les mêmes, en couleurs fines, —	» 10	
186	Repiqués ou adoucis pour imitation de tables creuses ou saillantes, le mètre linéaire	» 10	
187	Ou galons pour bordure de 0ᵐ05 de largeur, en tons ordinaires, le mètre linéaire	» 10	
188	En couleurs fines, —	» 20	

Plus value

	Pour réchampissages de filets ou baguettes par parties ayant moins de 0ᵐ30 de longueur.		
189	Au mètre linéaire, moitié en sus,	1/2	

OUVRAGES A LA PIÈCE

Ferrures réchampies en tons unis

190	Chaque pièce de ferrure réchampie,		» 05
191	Chaque serrure avec gâche comptée pour deux ferrures ou à la pièce.		» 10
192	Chaque crémone ou espagnolette entièrement réchampie,		» 25

Ferrures réchampies et bronzées le double des prix

193	ci-dessus		obser.

	Plaques de propreté,		
194	De toute couleur, réchampie,	la pièce	» 15

Lettres bien faites

	Ordinaires,		
195	Jusqu'à 0ᵐ09	la pièce	» 10
196	de 0 10 à 0ᵐ20	—	» 15
197	de 0 21 à 0 30	—	» 20
198	de 0 31 à 0 40	—	» 30
199	de 0 41 à 0 50	—	» 40
	Ombrées à l'huile de divers tons,		
200	Jusqu'à 0ᵐ09	—	» 20
201	de 0 10 à 0ᵐ20	—	» 30
202	de 0 21 à 0 30	—	» 50
203	de 0 31 à 0 40	—	» 60
204	de 0 41 à 0 50	—	» 75
	Unies ou ombrées, repeintes (sans tracé), à une couche, moitié		
205	que ci-dessus,		obser.
	Dorées, unies,		
206	Jusqu'à 0ᵐ15	le centimètre	» 06
207	de 0 16 à 0ᵐ31	—	» 07
208	de 0 32 à 0 40	—	» 08
209	de 0 41 à 0 50	—	» 09
	Dorées et ombrées,		
210	Jusqu'à 0ᵐ15	le centimètre	» 08
211	de 0 16 à 0ᵐ31	—	» 09
212	de 0 32 à 0 40	—	» 10
213	de 0 41 à 0 50	—	» 11
	Unies, avec épaisseurs seulement dorées,		
214	Jusqu'à 0ᵐ31	le centimètre	» 05
215	de 0 32 à 0ᵐ50	—	» 06
	Lettres, genre renaissance, égyptienne ou façon monstre, plus		
216	value sur tous les prix ci-dessus,		1/4

16ᵉ SECTION

DORURE

Journée

1	D'ouvrier doreur pour raccords,		5 »
2		l'heure	» 50

Mixtion

3	Détrempée employée pour dorure,	le kilogramme	5 50

Or jaune

4	Chaque livret de 25 feuilles,		2 25
5	Chaque feuille en sus,		» 10

Or 1/2 jaune

6	Chaque livret de 25 feuilles,	2	»
7	Chaque feuille en sus,	»	10

Or faux

8	Chaque livret de 25 feuilles,	»	50

TRAVAUX NEUFS

Dorure à l'huile comprenant l'époussetage, une couche de vernis gomme laque, une couche de mixtion et matage.

OUVRAGES AU MÈTRE LINÉAIRE

Filets ou baguettes

9	Jusqu'à 0^{m}04 de largeur,	le mètre linéaire	»	40
10	De 0^{m}011 à 0 015 —	— —	»	50
11	— 0 016 à 0 020 —	— —	»	60

Barreaux

12	Jusqu'à 0^{m}06 de développement.	le mètre linéaire	2	»
13	De 0^{m}065 à 0 08 —	— —	2	50

DORURE SUR PARTIES UNIES

Dorure au mètre carré

Au-dessus de 0^{m}02 de largeur, les parties dorées seront payées,
au mètre carré

14	En or jaune,	— —	30	»
15	— or 1/2 jaune	— —	28	»
16	— or faux,	— —	12	»

Ornements divers et moulures

Réchampis et dorés.

17	En or jaune,	le mètre carré	40	»
18	— or 1/2 jaune,	— —	37	»
19	— or faux,	— —	20	»

Brunissage

20	Sur parties unies,	le mètre carré	10	»
21	Sur ornements ou moulures,	— —	20	»

La dorure à l'eau sera payée le double des prix ci-dessus.

OUVRAGES A LA PIÈCE

22	Chaque poignée de crémone rechampie et dorée.		»	40
23	— lacet — —		»	25
24	— serrure de 0^{m}14 avec gâche —		1	25
25	— — de 0^{m}16 — —		1	50
26	— gâche seule — —		»	30
27	Poignée d'espagnolette et son support, —		1	»
28	Piton de rampe d'escalier en fonte ornée,	la pièce	1	75
29	Chaque bague — —		»	10

Les barreaux sont considérés comme parties unies.

17ᵉ SECTION

VITRERIE

1	Temps d'ouvrier poseur,	l'heure	» 45	

Mastic

2	Préparé à la mécanique,	le kilogramme	» 60	
3	A la céruse et blanc de Bougival,	—	» 90	Le mastic à la mécanique devra être refusé.

Pointes

4	A vitrer,	—	2 »

OUVRAGES AU MÈTRE CARRÉ

Vitrerie en verre 1/2 blanc (mesures de commerce)

Verre simple jusqu'à 0ᵐ002 d'épaisseur posé en feuillures de boiseries

2ᵉ choix de commerce, sans défauts.

5	Travaux neufs,	le mètre carré	5 »	
6	En recherche, travaux d'entretien,	— —	6 »	
	3ᵉ choix avec défauts, tolérés,			
7	Travaux neufs,	— —	4 75	
8	Travaux d'entretien,	— —	5 75	

Plus value sur les prix ci-dessus

9	Pour masticage en feuillure de fer à vitrage,	au mètre carré	» 25	
10	Pour pose à double mastic recoupé en dessous,	— —	» 50	

Verre 1/2 double de au moins 0ᵐ0025 d'épaisseur

2ᵉ choix de commerce, sans défauts.

11	Travaux neufs,	le mètre carré	6 50	Quand le 3ᵉ choix sera exigé les défauts devront être tolérés s'il s'en trouve.
12	Travaux d'entretien,	— —	7 50	Les travaux en recherche comprennent le démasticage des anciens carreaux.
	3ᵉ choix avec défauts.			
13	Travaux neufs,	— —	6 25	Seront considérés comme carreaux en recherche les travaux ne donnant pas une surface totale de 1 50.
14	Travaux d'entretien ou en recherche,	— —	7 25	

Plus values

15	De masticages, semblables à celles pour le verre simple,	obser.	

Verre double de 0ᵐ0033 d'épaisseur

2ᵉ choix de commerce, sans défauts.

16	Travaux neufs,	le mètre carré	9 »	
17	Travaux d'entretien,	— —	10 »	
	3ᵉ choix avec défauts.			
18	Travaux neufs,	— —	8 50	
19	Travaux d'entretien,	— —	9 50	

Plus values

	De masticages, semblables à celles pour le verre simple.		o	er.

Plus values sur les prix ci-dessus

Pour emploi de verre blanc 1ᵉʳ choix (commandé)

20	Verre simple,	au mètre carré	1	»	Sans défauts.
21	Verre 1/2 double,	— —	1	30	
22	Verre double,	— —	2	»	

Dépolissage

23	Au grès, de toute espèce de verre,	le mètre carré	3	»
24	A l'huile au tampon,	— —	1	»
	A l'huile au tampon sur poncif à dessins imitant le verre mousseline.			
25	Chaque carreau jusqu'à 0ᵐ20 sur 0ᵐ20	la pièce	»	30
26	— — 0 30 sur 0 30	—	»	50
27	— — 0 45 sur 0 45	—	1	»
28	— — 0 65 sur 0 65	—	1	25
29	Au-dessus de ces dimensions,	le mètre carré	3	»

Rives biseautées

30	En joints vifs à l'émeri,	le mètre linéaire	»	75

Verre depoli

	Mêmes prix que pour les travaux en verre 1/2 blanc			
31	Augmentés au mètre carré,	de	3	»

Verre cannelé

	Mêmes prix que pour les travaux ordinaires en verre 1/2 blanc			
32	Augmentés au mètre carré	de	4	»

Plus value

Les plus values sont les mêmes que pour les verres 1/2 blancs.

VERRES HORS MESURES

à la pièce.

Verre simple

33	De 0ᵐ46 à 0 50 carrés de surface,	la pièce	3	»
34	De 0 51 à 0 60 —	—	4	»

Verre 1/2 double

35	De 0ᵐ46 à 0 50 carrés de surface,	la pièce	5	»
36	De 0 51 à 0 60 —	—	6	50
37	De 0 61 à 0 70 —	—	8	»
38	De 0 71 à 0 80 —	—	9	50
39	De 0 81 à 0 90 —	—	11	»
40	De 0 91 à 1 00 —	—	12	50

Verre double

41	De 0 46 à 0 50 carrés de surface,	la pièce	6	»
42	De 0 51 à 0 60 —	—	8	»
43	De 0 61 à 0 70 —	—	10	»
44	De 0 71 à 0 80 —	—	11	50
45	De 0 81 à 0 90 —	—	13	»
46	De 0 91 à 1 00 —	—	15	»

Au-dessus de ces dimensions prix à débattre

Les plus-values de masticages sont les mêmes que pour les mesures ordinaires.		obser.	

Verre mousseline à dessins transparents

47	Employé en travaux neufs,	le mètre carré	17	»
48	— — d'entretien,	— —	18	»

Plus value

49	Pour mousseline opaque,	au mètre carré	2	»

Seule Mesure de Commerce 0 87 sur 0 54.
Au-dessus de cette dimension, prix à débattre à la pièce.

Verre de couleur

50	Jaune, bleu, violet,	le mètre carré	20	»
51	Vert, rouge,	— —	27	»

Plus values sur les verres (mousseline et de couleur)

52	Pour travaux d'entretien,	au mètre carré	2	»
53	Pour double masticage en feuillures de fer à vitrage	au mètre carré	1	»

Vitrerie mise en plomb en verre 1/2 Blanc

Par petites parties formant dessins simples en losanges ou autres.

54	Mise en place,	le mètre carré	12	»
55	Chaque carreau en recherche.	la pièce	»	30
56	Chaque lien en plomb.	—	»	05

Vitrerie à façon pose et fourniture de mastic

57	Verre simple,	le mètre carré	1	50
58	Verre 1/2 double,	— —	1	75
59	Verre double,	— —	2	»

Ces prix doivent servir de base pour les vieux carreaux reposés, et être réduits à la pièce.

Plus values

60	Pour travaux d'entretien,	au mètre carré	1	»
61	Pour masticage simple en feuillures de fer à vitrage	au mètre carré	»	25
62	Pour pose à double mastic recoupé en-dessous,	— —	»	50

Dépose de carreaux (de mesure du commerce)

63	Chaque carreau déposé jusqu'à 0^{m}30 de côté,	la pièce	»	10
64	Au-dessus de 0^{m}30 de côté,	—	»	15

La casse à la charge du propriétaire.

Nettoyage de carreaux (2 faces)

65	En carreaux de moins de 0^{m}30 de côté,	la pièce	»	03
66	En grands carreaux de mesure de commerce	—	»	05
67	En glaces ou autres grands carreaux,	le mètre carré	»	15
	Sur une seule face.			
68	1/3 en moins des prix ci-dessus.		obser.	

Le prix de la vitrerie neuve comprend le nettoyage des verres.
Lorsqu'un deuxième nettoyage sera nécessaire, il sera retenu à celui qui l'aura occasionné, mais payé par le propriétaire.

Dalles brutes pour planchers

69	Le kilogramme de dalles brutes de deux faces pour planchers,		2	»
70	Pose en plus,		obser.	

MODE DE MESURAGE DE LA VITRERIE

Tous les carreaux seront mesurés géométriquement, mis en place sans tenir compte du plus ou moins de déchet des feuilles de commerce.

Rosaces jusqu'à 0^{m}12 de côté

71	Dépolies en imitation de mousseline, formant rosace,	la pièce	»	75
72	En verre de couleur avec rosace dépolie	—	1	»
73	En verre de couleur avec rosace gravée en creux,	—	1	25
74	Avec animaux ou sujets gravés.	—	2	25

Les vitrages à la grecque ou en parties biaises formant carreaux triangulaires seront mesurés suivant le rectangle nécessaire, en compensation des frais de perte, casse, etc.
Les parties circulaires seront comptées de la même façon avec plus-value de 1/10e pour coupe circulaire.

13

18ᵉ SECTION

TENTURE

Collage de papier

1	Mat, commun à dessins, coutil ou 1ᵉʳ papier,	le rouleau	» 40
2	Dans les armoires (sujétion),	—	» 50
3	Satiné ou vernis, pose avec soin,	—	» 45
4	Imitation de bois ou marbre,	—	» 50
5	Velouté ou doré sur fond mat glacé ou vernis, collé avec soin,	—	» 70
6	Velouté en plein, collé à joints vifs, avec bandes sous joints,	—	1 50

Collage de bordure

7	Ordinaire,	le mètre linéaire	» 03
8	Découpée d'un côté,	— —	» 10
9	— de deux côtés,	— —	» 15

Journée

10	D'ouvrier bon colleur de papier pour raccords,		6 »

Bandes

11	De calicot jusqu'à 0ᵐ10 de largeur collées,	le mètre linéaire	» 25
12	Semblables, clouées et collées, formant charnière	— —	» 50
13	De zinc de 0ᵐ03 à 0 04 de largeur, clouées,	— —	» 45

Papier d'étain

14	Chaque rouleau fourni,		6 »

Toile

15	Le mètre de toile forte à tapisser pour refends en bois, plafonds ou autres, fourniture simple,		» 40

Clouage

16	Façon et clouage des toiles ci-dessus,	le mètre	» 30

Pointes galvanisées

17	Pour la toile,	le kilogramme	1 60
18	Pour le zinc,	—	2 »

BAGUETTES

Fourniture de baguettes 1/2 rondes en sapin

19	Diamètre 0ᵐ015	le mètre linéaire	» 20
20	— 0 025	— —	» 25
21	— 0 035	— —	» 30

Collage

22	De papier velouté (non fourni) sur ces baguettes,		» 05

	Pose			
23	Des baguettes ci-dessus,	le mètre linéaire	»	15
	Fourniture de baguettes en imitation de bois vernis			
24	Jusqu'à 0ᵐ014	le mètre linéaire	»	60
25	— 0 025	— —	»	75
26	— 0 035	— —	1	»
	Pose			
27	Et ajustement des dites baguettes,	le mètre linéaire	»	20
	Fourniture de baguettes dorées			
28	Diamètre 0ᵐ011	— —	»	60
29	— 0 014	— —	»	70
30	— 0 027	— —	1	30
31	— 0 032	— —	1	50
	Pose			
32	Et ajustement des dites baguettes,	le mètre linéaire	»	25
	Dépose			
33	De baguettes pour être réemployées,	le mètre linéaire	»	10

PLAQUES DE PROPRETÉ

en glaces biseautées.

à la pièce.

Plaques mises en place avec vis à rosaces en cuivre

	Largeur 0ᵐ05.			
34	Jusqu'à 0ᵐ18 de longueur,	la pièce	1	50
35	De 0ᵐ18 à 0ᵐ25	—	1	75
36	— 0 26 à 0 40	—	2	25
37	— 0 41 à 0 50	—	2	75
	Largeur 0ᵐ06.			
38	Jusqu'à 0ᵐ18	—	1	70
39	De 0ᵐ19 à 0ᵐ25	—	2	»
40	— 0 26 à 0 40	—	2	50
41	— 0 41 à 0 50	—	3	»
	Largeur 0ᵐ07.			
42	Jusqu'à 0ᵐ18	—	1	90
43	De 0ᵐ19 à 0ᵐ25	—	2	25
44	— 0 26 à 0 40	—	3	»
45	— 0 41 à 0 50	—	3	50
	Percement pour			
46	Entrée de clef,	la pièce	1	»
47	Bouton,	—	»	75
	Trou			
48	Et entaille,	la pièce	»	50
	Vis à rosaces en cuivre			
49	La pièce,	—	»	15

MODE DE MESURAGE DE LA PEINTURE

Tous les travaux de peinture seront mesurés géométriquement en surface réelle développée.

Les métrés de développement seront évidemment faits par abréviation suivant le mode se rapprochant le plus de la surface réelle.

Aucune règle d'usage ne sera admise.

Toute contestation de métré sera annulée de droit, quand, par le détail géométral d'une surface quelconque, on prouvera l'exactitude de la méthode abrégée prise pour base.

Les peintures unies sur parties ornées seront évaluées comme surfaces planes avec plus value de moitié de la surface de ces ornements,

Toutes les faces vitrées seront développées et les carreaux déduits, mais en diminuant chaque côté du carreau de 0^m10 pour la sujétion du rechampissage.

Les croisées ordinaires (à ouvrir) y compris les épaisseurs des bâtis et imposte ont une surface moyenne équivalente aux évaluations ci-dessous.

Quand les carreaux auront 0^m09 à 0 10 carrés de surface, déduire chaque face 1/5°

Quand les carreaux auront 0 11 à 0 14 carrés de surface, déduire chaque face 1/4

Quand les croisées seront à glaces ou grands carreaux on déduira chaque face 1/3

Au-dessous de 0^m09 carrés de surface aucun carreau ne sera déduit.

MESURAGE DES PERSIENNES.

Ces travaux produisant, à cause des épaisseurs de lames, une surface réelle plus grande que celle des 2 faces pleines, la sujétion, la pose et dépose après peinture (sans plus value) ont établi une règle juste servant de base, savoir :

Les persiennnes seront mesurées sans développement ni épaisseur et comptées :

Lorsqu'une seule face et les épaisseurs de lames seront faites, à 2 faces pour une ;

Lorsque les 2 faces seront faites, à 3 faces pour 2 et lorsque les persiennes seront à petits vantaux se fermant dans les tableaux de maçonnerie, chaque face sera doublée.

La peinture des Treillages en bois sera mesurée y compris les faces (seulement) des poteaux et évaluée ainsi qu'il suit :

Treillages en mailles

Vides jusqu'à 0^m05 de côté à 3 faces pour deux

de 0 055 à 0 08   —   à 2 faces 1/2 pour deux

de 0 085 à 0 11   —   à deux faces pour deux

de 0 115 à 0 15   —   à face 1/2 pour deux

de 0 155 à 0 20   —   à face pour deux

Les parties peintes d'une seule face seront comptées aux 3/4 des évaluations ci-dessus.

Les saillies ou épaisseurs des poteaux et bâtis seront métrées et comptées en plus pour leur surface réelle.

Les évaluations ci-dessus seront prises pour base du mesurage des grilles de balcons ou autres à ornements de remplissage en cherchant le vide moyen des ornements et en le rapportant à l'article treillage s'en rapprochant le plus.

La peinture des Grillages à mailles en fil de fer sera mesurée comme surface unie sans plus value des cadres et châssis (non saillants) et évaluée ainsi qu'il suit :

Treillis en fil de fer en mailles

de 0^m021 à 0 021 de côté à 3 faces pour deux

de 0 022 à 0 025   —   à 2 faces 1/2 pour deux

de 0 026 à 0 031   —   à 2 faces pour deux

de 0 032 à 0 041   —   à face 1/2 pour deux

de 0 042 à 0 050   —   à face pour deux

Les treillis peints d'une seule face seront comptés aux trois quarts des évaluations ci-dessus.

Les grilles de clôture ou autres dont les barreaux et traverses plus ou moins espacés varient à chaque travail, ne peuvent être évaluées d'une façon légale au mètre carré.

Ces travaux seront donc mesurés et payés au mètre linéaire suivant les Prix de la série,

MESURAGE DE LA DORURE.

Tous les travaux seront mesurés géométriquement sans plus value du plus ou moins de difficulté pour atteindre le fond des parties à dorer. Pour les parties sculptées on obtiendra la surface réelle en pourtournant toutes les sinuosités des ornements dans le sens de la longueur et en prenant la largeur sans développement.

Toute partie assez grande pour recevoir une feuille d'or entière sera considérée comme partie unie.

CONDITION GÉNÉRALE.

Tous les prix de la série sont applicables aux travaux exécutés à l'intérieur de la ville.

Pour ceux qui seraient exécutés au dehors, les frais de transports de matériaux ou d'ouvriers, ainsi que ceux de déplacement et de nourriture, devront être payés en plus à moins de conventions spéciales.

Amiens. — Imp. Emile Glorieux et Ce.

INDEX

9 782019 179311